이솝 이야기를 담은 소소한 짧은 글

성벽 터

김성호

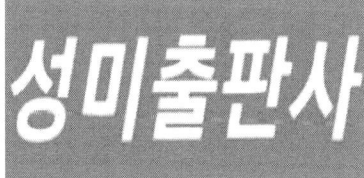
성미출판사

목=차

머리말

제1장

제2장

머리말

글을 쓴다는 것은 마음을 닦는 것과 같다. 신선은 특별한 사람에게만 주어진 것이 아니다. 그 경사를 오르기로 결심을 굳힌 시작부터 초월의 도전이다. 번거로운 일들이 많은 속된 세상을 발아래 내려놓고 실타래처럼 엉킨 그 문제들의 답답함을 풀어나가는 것이 신선에 이르는 길이다.

누구든 흠 없이 완벽할 수는 없다. 누구나 결핍을 끌어안고 있다. 그 결핍은 양날이다. 재물이 없다, 건강을 잃었다는 생각에만 빠져있는 그는 결코 그 불행하다는 번뇌에서 구제받을 수 없다. 환경만을 탓하는 결핍의 좌절감에 마냥 들어앉아 있는 사람은 자신에게 굴복하는 패배자이다.

사회는 갖가지 모양의 범죄가 위협적 불안을 끼친다. 그러나 그것은 외적 현상이다. 그보다 더 심각한 현실은 개개인이 기쁨의 자유를 잃었다는 것이다. 분수 이상의 자랑을 늘어놓은 것이 아니지 자신을 돌아봐야 할 일이다.

우리는 유치부 시절부터 신호등이 빨간 불이면 기다리고, 파란 불이면 차도를 건너야 한다는 기초질서를 배웠다. 한데, 사회는 이 작은 질서를 숨 가쁜 달림으로 무너트렸다.

유심有心은 마음을 담는다는 뜻이다. 세상을 이기는 방법은 각자마다 다르나, 삶의 지향점은 똑같다. 사고방식이 단순한 만큼 시야가 좁으면서 자신을 띄우는 상상력이 떨어지는 사람은 좁은 골목에만 신경을 쓴다. 보이는 것만이 세상의 전부 인양 그 안위에서 쉽사리 헤어나지를 못한다.

　『죽음의 수용소에서』라는 책을 쓴 작가는 빅터프랭클

(1905~1997, 오스트리아 정신과 의사이며 아우슈비츠에서 살아남은 인물)이다. 그는 자신의 책을 통해 이런 내용의 글을 남겼다.

　'28명 중 1명꼴로 살아남는 그 모진환경에서 어떤 사람이 살아남는가를 분석한 결과, 첫째, 운수 혹은 신의 가호가 임한 자, 둘째, 왜 나는 살아 있어야 하는가에 의미를 둔 사람, 셋째, 자신의 존엄을 지키는 사람이었다.
빅터프랭클에 따르면 나치는 유대인들을 돼지로 부르면서 유대인들에게 세수는커녕 이를 닦는 시간도 주지 않았다 한다. 그는 모든 자유가 빼앗긴 그 지옥의 환경 속에서 나 자신에게 무언가를 해줘야 한다면서 식판 겉면에 자신의 얼굴을 비추며 우연히 주운 사금파리 조각으로 매일 면도를 했단다. 그 덕택에 가스실로 보내지는 화를 면해 결국 생존할 수 있었다고 한다.'
이 책은 독자들로 하여금 곱씹게 하는 이솝이야기이다. 진실과 거짓, 현실과 이상 등을 담은 우화의 짧은 산문 글이다. 우화란, 우寓와 화話를 합한 말이다.

2025년 09월

제1장
신과 인간

"이 신상으로 말할 것 같으면, 무슨 기도든 들어주는
그야말로 신선이 높은 하늘의 신입니다."

1/신을 파는 이유

부존재의 신神을 인간의 생사生死를 주관한다며, 그 신의 현현을 일관되게 주장하며 파는 종교적 행위는 분명 좋은 장사이다. 인간은 찔린 가시에도 아파하는 약한 존재이다. 그 약함을 강하게 하는 힘은 종교적 체험이다. 어떤 사람이 자신이 몸소 체험한 신적 계시의 은혜를 많은 사람에게도 전도하겠다며 장에 나왔다. 공복을 채우려 식당을 두루 찾는 사람들, 가족의 저녁식탁을 꾸밀 일용한 양식의 식자재를 사거나 사려는 남녀들로 시장은 북적거렸다. 특히, 의류와 고기집 앞이 유독 붐볐다. 반면에 그보다 더 삶의 가치가 비싼 복과 이익을 판다는 푯말 문구에 관심을 보이는 사람은 아무도 없었다. 현실 세계 복판에 앉아있으나, 그의 눈빛은 어디도 아닌 백일몽에 빠진 듯이 딴 세상 꿈을 꾸듯이 멀고, 아무것도 듣지 못하는 귀로는 머나먼 환청만이 들릴 뿐이다.

그가 갑자기 푯말을 높이 쳐들고 육성(호객)을 질렀다. 한 사람이 그에게 물었다.

"그분의 복이 그렇게 크시다면 자신이 누릴 것이지 왜 내다 파는 거요"

그가 대답헀다.

"당장 도움이 필요한데, 신의 응답이 늦어 빠진 이빨부터 해결하려고요."

2/신의 음성을 흉내 내는 사람

장래운명이 어떠한지 알고 싶어 하는 게 인간의 속성이다. 그래서 사람들은 종교를 믿으며 그 신탁神託에 의존한다. 어떤 신자가 전조前兆로 앞일을 척척 예언하며 가슴마다 기쁨의 확신을 심어주는 기도 자를 부러워하게 되었다. 그 신자는 어떤 수단을 동원해야 저토록 맑은 영혼의 소리를 낼 수 있는 특권을 누릴 수 있을까? 생각에 몰두하다 묘안을 찾아냈다.

신자는 바위 위에 올라앉아 양반다리를 틀었다. 사람들이 앞을 지나치자, 신자는 당신들의 미래를 알게 해 주겠다며 큰소리로 불렀다. 그 사람 중에 영성이 깊은 한 일행이 그냥 가자며 소맷부리를 잡아끌었다.

"왜요?"

일행이 고개를 돌리며 물었다.

"얕은 물소리는 큰 법. 저 목소리는 신의 음성이 아니라 그 흉내를 내는 사람입니다."

3/등산객과 동굴주인

한 등산객이 누군가가 살고 있다 싶은 바위동굴을 발견하고, 그 앞에 멈춰 서서 인기척을 냈다. 이중으로 덧대어진 얇은 천문(俴門)을 열어젖히고 얼굴을 내민 사람은, 신수가 훤한 도심형 인물이었다. 아무리 인상을 뜯어봐도 심신을 닦는 고행의 수도사로는 보이지 않았다. 등산객은 거리낌 없는 친근감을 드러냈다. 그는 어깨에서 등 배낭을 풀고 지퍼를 열어 부피 큰 비닐봉지 하나를 꺼냈다. 땅바닥에 차려진 음식물은 곱창이 섞인 순대볶음과, 돼지수육보쌈 외에 사과 두개였다. 이어 찬 막걸리 한 병도 내놓았다.

"괜찮으시다면 식사 함께 합시다."

"당신은 참 시험에 들게 하는 분이시군요."

이렇게 말한 동굴주인은 벌써부터 화색을 펴고 군침을 삼키고 있었다. 그러면서 어느 새 그 앞에 양반다리를 틀었다. 혼자 울고 혼자 우울증에 잠겨있으면서, 자신을 찾는 회상이 얕고 식량거리에 피곤해 하는 안색이다.

"잘 아시는 대로 체력의 힘을 쓰게 하는 데는 음식이 최고이지 않습니까. 자, 한잔 받으시고..."

등산객이 권하는 막걸리 잔을 사양하는 듯이 슬며시 밀친 농굴주인이 화답을 낸다.

"이 음식물들은 사나운 성질을 키우는 짐승의 먹이에 지나지 않소."

"허, 그렇다면 내 딴 데서 먹으리라."

"허허, 왜 이러시나. 맛이 가게. 어서 배를 채웁시다."

등산객은 손에 짚이는 대로 입안에 우겨넣고 씹는 동굴주인의 걸신폭식에 혀를 찼다.

"혀의 말과 불일치한 이 작자는 필시 도시로 돌아갈 양반이로구먼."

4/수도사와 사람

정해진 운명의 날은 아직 먼데, 그날의 기다림을 참지 못하고 혀를 뒤집어 그 모든 것을 미리 털어냈다면 신께서 예비해둔 축복이 미뤄지거나 거둬지는 게 아닐 런지?

이 노심勞心에서 쉽사리 헤어 나오지 못하는 사람이 수도사와 마주 앉았다. 수도사는 털털 웃음으로 여유를 부렸다. 눈치 없는 그 기나긴 뜸 시간에 사람의 속은 괴로움으로 타들었다. 사람이 무릎을 마구 흔드는 재촉에 흰 수염의 입술이 이윽고 열렸다.

"엎지른 물은 다시 채우면 됐지, 믿음 밖에서 날밤을 지새우지 마시오."

5/낭비

어떤 사람이 신의 초상화를 벽면에 걸어 놓고 신상을 차렸다. 그는 매일 아침마다 과일이며 떡을 바치는 제를 올렸다. 그의 지극정성에 감명 받은 초상 신이, 어느 날 밤 그의 꿈에 나타나 이렇게 타일렀다.

"여보게, 재산 탕진일 뿐이니 제발 그만 두게. 자네가 나를 섬긴다며 살림 다 털린 가난뱅이 처지로 내몰린다면 나를 원망할 것이 아닌가?"

6/경배를 대신 받는 아들

사람들은 설교를 들을 때마다 은혜를 맑게 채워주는 그를 지극히 높으신 신상神像으로 떠 받들었다. 그 자자한 칭찬에도 좌우로 치우치는 법 없이, 반석 같은 올곧은 자세를 진실하게 견지하며, 경건의 삶에서 한 치도 벗어나지 않았다. 그에게는 두 아들이 있다. 장남의 성질은 온순하나, 둘째 아들의 성질은 부모 속을 자글자글 썩이는 망나니였다. 그 둘째 아들이 나들이 나온 김에 바위에 앉아 쉬고 있자, 한 무리 사람들이 경배를 올리는 것이 아닌가. 좌선의 인품이 고상하게 점잖아 신상으로 불리는 아버지를 쏙 빼닮았기 때문이었다.

7/신의 형상

한 소심한 구두쇠가 길을 가다 신기한 물건을 발견했다. 무엇이든지 구시렁거림으로 일단 손아귀에 넣고, 가치 판단에 따라 버리든지 소유하든지 결정을 내리는 구두쇠는, 누구나 섬기는 신의 조각상이라는 점을 꿰뚫어 알고 집으로 가져왔다. 조각상 신은 비 정상하게 한쪽 팔이 잘려 있어, 아무래도 상품가치로는 떨어질 수밖에 없어 보였다. 구두쇠는 기술을 동원하여 남은 한 팔과 똑같은 팔 하나를 만들어 감쪽같이 붙인 다음 금빛으로 도색을 입혔다. 그럴듯한 신상이 보기 좋게 재탄생되었다. 구두쇠는 돈 많고 신심이 깊은 사람을 찾아 설득을 벌였다.

"이 신상으로 말할 것 같으면, 무슨 기도든 들어주는 그야말로 신선이 높은 하늘의 신입니다."

"어디 봅시다."

부자는 금빛 상을, 특히 위조가 의심되는 왼팔목편을 유심히 살펴봤다. 미세한 실금을 발견한 것이었다.

"정말, 무슨 기도든 들어주는 현존의 신상이네요. 한데 왼쪽 팔은 장애로 사람을 품어 안지를 못하겠네요?"

"아, 아닙니다. 이 자리에서 소원 한마디 올려보세요."

"소용없는 짓입니다. 이 조각상은 내가 누구든 오며가며 신심을 정금하라는 뜻으로 길가에 세워둔 신의 형상일 뿐이니까요."

8/쓰레기지각

저가 할 일인 집안 청소까지 하지 않아 쓰레기장으로 방치한 그가, 이 더러운 시궁창에서 벗어나게 해달라는 기도를 올리려 제단을 찾았다. 제단 신은 기도자의 몸에서 풍기는 고약한 악취에 눈살을 찌푸리며 코를 틀어막았다.

"신님, 온갖 잡 벌레들이 잠자리에 누울 때마다 몸을 물어뜯어 잠을 이룰 수 없으니, 벌레들을 혼내 쫓아 주세요."

"망충 한 게으름뱅이 놈아, 쓰레기더미에 씌워진 지각부터 청소하라."

9/육체가시

의사로부터 인생을 정리하라는 시한부 진단을 받은 환자는 한참을 고민하다 신께 의탁하겠다며 한적한 시골에 집 한 채를 마련했다. 그는 세 방 중 하나는 '경건'실로 명명하고, 자나 깨나 엎드려 신과의 교제를 지속했다. 그 기적은 생명이 연장되는 축복으로 이어졌다. 동시에 기도의 힘으로 모든 병은 치료가 가능하다는 신비체험도 확인했다. 그러나 육체를 일깨우는 가시통증은 여전히 일상생활의 불편을 안겨줬다.

어느 날 그는 신의 음성을 들었다.

  "그 가시는 자만하지 말라는 장치이니라."

10/영역 밖

미움을 산 저주의 멍에인가? 이성 잃은 비탄의 손톱에 너덜
너덜 찢긴 이불을 덮고 누운 그는, 더는 자리에서 일어날
수가 없었다. 추방당한 자들도 생명이 붙은 희망만은 간직
으로 남겨두고, 미지의 머나먼 길도 마다하지 않고, 행복을
찾아 걷고 또 걷건만, 의욕의 불꽃이 완전히 꺼진 그는 병
인처럼 침상에 누워있었다.
생기가 말라비틀어진 이 모든 원인은, 남이 덮어씌운 억울
한 누명 때문이다. 잘 먹고 잘 지낼 도둑놈을 생각할 적마
다, 잘기잘기 찢어 발겨도 분이 풀리지 않을 지경이다. 복수
의 한을 가는 적대감에서는 그에게 엄벌의 재앙을 내려달라
는 기도만이 유일한 숨결이었다.
정말 용서가 안 되었다. 살해 기회를 노리는 마음을 선하게
다스릴 수가 없었다. 감정이 할 수 있는 영역이 아니었다.

11/무전취식

자나 깨나 신을 만나려는 기도를 열심히 앙모한 어떤 신자. 영안이 밝아져 하늘에 오르는 신비체험까지 하게 되었다. 문자 그대로 물질세상은 보이지 않고, 오직 신과만 동행한다는 신념만으로 오염물질의 상징인 사람들과도 거리를 두며 황홀감에 도취되어 살았다.

어느 날 신자는 시장기를 채우려 낯선 식당에 들어가 의자에 앉았다. 음식냄새가 코를 자극했다. 식탁에 차려진 음식물을 깨끗이 비운 신자는, 자리에서 일어나 깍듯한 인사를 올렸다.

"잘 먹었습니다."

그리고는 곧장 출입문으로 향했다.

그때 주인장이 그의 앞을 가로 막았다.

"손님, 음식 값을 내셔야지요."

"신께서 내리신 음식 왜 사람에게 내야 합니까? 거듭 융숭한 대접 신의 이름으로 감사드립니다."

"손님, 이 땅은 사람들이 사는 세상이지, 신 따위는 존재하지 않습니다. 어서 돈을 내세요."

"돈? 돈이 뭡니까?"

"이런 돈 말입니다."

식당주인은 지폐 한 장을 흔들어 보였다.

"난 그따위 종이는 모르오."

12/도둑이 된 신자

신앙심 좋다는 어떤 신자가 죄악이 들끓는 세속으로부터 자신을 지켜내겠다며 영혼과 마음을 담은 상자를 땅속에 묻었다. 삶이 한결 평안해졌으리라 믿은 신자는, 세상의 죄악이 파도의 세력으로 밀려들 지라도 자신은 절대로 흔들리거나 넘어지지 않는다는 자만심을 부쩍 키워 올리고 여행길에 올랐다.

배가 고팠다. 신자는 문이 열린 것은 자신을 환영하기 위함이라며 문턱을 넘었다. 식탁에는 여러 종류의 빵들이 차려져 있었다. 신자는 이 또한 하늘이 예비한 대접이라면 그 빵들을 잡히는 대로 먹어치웠다. 장사준비로 만든 빵을 낯선 누군가가 축내고 있자 주인은 눈을 부라렸다.

"이 도둑놈아!"

주인은 손버릇 나쁜 자의 멱살을 부여잡고 경찰서로 끌고 갔다. 그제야 신자는 자신이 도둑으로 전락한 것을 회개했다. 머리를 쥐어뜯으며 한탄하면서 쓰지 않고, 땅속에 고이 묻어둔 영혼과 마음을 대신하여 악마가 생각을 지배하게 되었음을 뉘우쳤다.

13/거짓 떡

신령을 굉장히 자랑하며 다니는 사람이 있었다. 그가 하도 떠드는 통에 어떤 사람이 시험을 걸었다.

"당신이 그 능력을 증명해 보인다면 내 그대를 스승으로 모실 뿐 아니라, 날마다 집회를 열 수 있는 장소도 마련해 주겠소."

머리가 희끗희끗해지도록 까지 뜨내기 신세로만 살아온 영성이 깊은 그는 들뜬 기분으로 입을 크게 열었다.

"내 이 돌을 떡으로 만들어 보리라"

그렇지만 몇 시간이 지나도 기적의 변화는 일어나지 않았다.

"그만 됐소."

시험 자가 그의 기도를 깨우며 말했다.

"이것은 당신의 떡이니 저녁 요기로 충분하지 않겠소." 거리 사람은 눈물의 겨자를 씹으며, 돌덩이 몇 개를 제 여행 가방에 주워 담았다.

14/신의 노여움

구덩이 크기만큼의 양을 채우고 지나치는 물은 의도 없이 흐른다. 빛 역시도 어디에나 걸림이 없다. 땀 흘려 일한 적이 한 번도 없어 제 몫의 재산이 있을 리 만무한 그는, 남의 것만을 탐내며 좇는 팔자 늘어진 인물이다. 이런 사람은 울안의 공작새처럼 허세가 심하다. 어떤 모양이든 의도적으로 꾸미는 것이라, 자연스럽지 못하다. 그가 사람들을 의도를 높여 보게 된 까닭도 순리를 벗어난 이 성향 때문이다. 그가 사방을 둘러보고 또 살피다 앞서가는 어린 소년을 발견했다. 소년이 갖고 노는 물건은 빛을 발하는 진주였다. 정신착란은 욕망의 광기를 불러일으켰다. 그는 달리면서 소년의 진주를 잽싸게 낚아챘다. 동시에 신神의 노여움이 임했다. 그의 손모가지에 불길이 일었다. 화상을 입은 그는 영구장애인이 되었다.

15/인간의 행운

병상에 누워있어 육신을 쓰지 못하는 환자의 고통은 침울함이다. 건강한 두 다리로 직립보행을 하는 사람의 고통은 성공지향, 대인관계, 빚 문제 등이다. 그 고민거리들을 위안이나마 해소하도록 돕는 대상이, 세속을 벗고 영적고지에 오른 기도자이다. 그 영험의 힘은 신탁神託에서 나온다.

청춘 시절부터 서릿발이 되기까지 산중생활을 하면서 신의 음성을 듣고 만났다는 사람이 있었다. 한 속인이 그에게 시험을 걸었다.

"순풍에 돛 단 인간의 행운이 궁금합니다."

"일기를 잘 타면 항운은 안전하나, 눈에 보이지 않는 암초를 발견하지 못한다면 무슨 소용인가. 남몰래 속에 감춘 사악을 조심하라는 뜻이오."

16/악을 이기는 방법

그저 착한 사람은 지조가 없어 성질이 약해 보인다. 속이 검은 악마의 폭언을 전류로 떨면서 피하기에 급급하다. 착한 사람들이 행실 나쁜 사람들에게 떠밀려 하늘로 올라갔다. 그들은 대책 회의를 열었다.

"우리도 생명이라 맞으면 아프오. 뼛골부터 악한 사람은 공격으로 몰아붙이니, 사랑으로 왼뺨을 댔다간 목이 달아날 판이오."

첫 번째 사람은 이렇게 한이 쌓인 불만을 쏟아냈다.

"그들을 멀리하면 되지 않겠소."

두 번째 사람이 답변을 냈다.

"그럼, 선행을 전수하지 못하게 될 그들은 구제와 먼 지옥으로 떨어질 수밖에 없지 않겠습니까."

세 번째 사람은 평소의 신중대로 영혼구원을 강조했다.

"육신을 입은 사람이 무슨 힘이 있습니까. 그 일은 신께 속한 문제이니 그분께 일임합시다."

네 번째 사람은 인간의 한계를 지적하고 전능자를 뵈러 가자며 일동들에 제안했다.

보좌의 신께서 좌중을 둘러보신다. 그러면서 입을 여셨다.

"바람이 부는 방향에 맞추어 바싹 엎드리는 연한 풀에서 배워라. 강대 강 대결에서는 나부터 꺾일 수 있으니, 그 사나운 바람에 맞서지 말고 납작 숙여 기다리는 것이 곧 악을 정복하는 길이다."

17/거리악사

건달 생활로 부모로부터 물려받은 많은 재물을 탕진한 거리 악사는, 날이 추워지자 한 벌 뿐인 외투를 껴입었다. 그렇지만 진종일 밖에서 떨며 보내야 하는 계절상 그 외투만으로 보온이 되지 않았다. 게다가 배까지 고팠다.

악사는 길을 가다 계절 무색하게 반팔 상의를 입고 다니는 청년을 발견했다. 악사는 청년과 나란히 걸으면서 그런 차림으로 춥지 않느냐 물었다.

  "정신무장 중이오."

18/주어진 과제

한 신을 섬기며 예배하는 형식은 같으나, 교리해석과 개인적인 믿음의 지향이 달라 여러 분파로 나누어진 종교인들이 사방에서 쏘아대는 비난의 화살에 따른 대안을 모색하려 한자리에 모였다. 경전에 바탕 둔 그들의 주장은 모두 타당하여 옳고 그름의 판단이 쉽지 않았다. 2차 토론은 도덕성 안이 다뤄졌다.

"도덕성 기준은 환경의 영향이 깊다. 왕의 외로움이 전쟁에 나간 부하 장군의 아내를 빼앗았다는 사례(삼하11~)로 비춰 봤을 때, 그의 신앙과는 무관하다. 굳이 결부해 붙인다면 그 일탈이 용서를 구하는 회개를 불러일으키는 신앙의 위배인 것은 분명하나, 천국행 구원과는 아무런 상관이 없다. 여기서 우리는 사람이 만들어 낸 죄목과 신이 예정해둔 역사를 고찰할 필요가 있다. 신은 자신을 믿는 모든 자의 구원을 바라신다(딤전2:4)."

일동 모두는 고개를 끄떡이며 동의한다는 뜻을 나타냈다. 이 합의를 극적으로 이끌어낸 신실한 원로는 이어 책망을 덧붙였다.

"당신들의 안색 표정은 아직도 여전히 어둡게 굳어 있소. 이는 옆 사람을 용서하지 않는 사랑 견핍이 증언이오. 주님께서 가르친 사랑의 설교로 밥을 먹는 우리만이라도 나를 닮으라는 읍소의 이해타산을 버리고, 먼저 하나가 되는 것이 우리에게 주어진 과제이오."

19/어느 신자

어느 신자가 신탁神託이 능하다는 소문자를 찾아 문안을 올렸다.

　"너의 품에 새 한 마리 안겨 있구나."

　"네, 그렇습니다."

신자는 비둘기 한 마리를 품에서 꺼내 보였다.

　"이 비둘기 살게 될까요, 죽게 될까요?"

　"그 어느 한 편을 정함은 다른 누구도 아닌 그대 손에 달려 있노니, 그대가 선한 사람이라면 새는 살 것이고, 그대가 악한 사람이라면 새는 죽음을 면치 못하겠지."

20/신자와 잔재더미

모든 일상을 신께 전적으로 맡기며 산다는 신실한 신자에게 담장 더미가 덮였다. 아무리 그렇게 당했다 할지라도 힘만 쓴다면 얼마든지 잔재더미 속에서 빠져나올 수는 있었다. 그러나 신자는 그런 안간힘은 전혀 쓰지 않고, 그저 치워달라는 신음 같은 기도만을 연시 외대었다. 서로 연결로 이어진 담장은 한 축이 무너지면 남은 담장은 더는 버틸 수 없이 흔들 먹거리기 마련이다. 옆 담장도 마침내 폭삭 쓰러지고 말았다. 신자는 한층 더 쌓인 잔재더미 속에서 옴짝달싹도 할 수 없게 되었다.

21/아내의 대답

병이든 남편 아내가 목사에게 심방을 요청했다. 목사는 누워있는 환자의 다 죽어 가는 최후의 몰골을 보고 기도로 건강을 되찾게 해 줄 터이니, 먼저 큰 금액의 헌금을 요구했다. 아내가 대답했다.

"하나님으로부터 보내심을 받은 사람이라면 그 하나님이 달려 보낸 은혜의 선물을 거저 베푸는 것. 그 은혜를 입지 않았는데, 그 은혜의 값을 미리 청구하는 건 삯꾼 목자의 정형이지요."

22/**성벽 터**

무궁화 숲 사이를 지나, 햇볕이 내리 쬐이는 푸른 녹지대로 들어선다. 일대는, 오래 전에 무너진 황량의 성벽 터이다. 당시 보름달만 뜨면, 어김없이 나타나 이끼 덮인 돌 하나에 걸터앉아 거문고 줄을 당기며 사무친 한을 달랬던 여인이 있었으니, 어느 시인이 그 사연을 캐물었다.

공부를 많이 한 선비를 오빠로 둔 누이인데, 과거시험 실패로 대궐집 딸을 사랑으로만 그리는 시름 병을 앓다 핏기 가신 안색으로 끝내 죽고 말았다는 내용이다. 무간지옥 구천 하늘을 정처 없이 떠돌 그 원혼만이라도 굶주림에서 면하게 해달라는 노랫가락 기도를 달님에게 올린다는 설명도 곁들여 들려줬다.

23/병든 아들

병든 아들을 둔 어머니가 있었다. 병상에 누워있는 아들이 부탁을 올렸다.

"어머니, 하나님께 기도를 해주세요."

어머니는 무거운 한숨을 내쉬었다.

"얘야, 드린 게 있어야 요청을 할 게 아니니."

"그럼, 돈 없는 자도 내게 구하라. 말씀은 거짓인 거잖아요?"

"심은 대로 거두다고 하지 않았니. 그게 세상 이치이기도 하고..."

24/신분 차이

우리는 부자의 돈 많은 것을 시기로 욕할 게 아니라, 저 자신의 배고픔 문제도 구제하지 못 하는 가난한 사람을 책망해야 하오. 부자가 어떤 수단으로 돈을 모았던 간에 그는 물건을 사 주고 돈을 풀어 건물을 높이, 높이 부지런히 지어 올리는 일꾼들을 먹여 살리오. 그러나 지질이 못 사는 가난한 자는 개 먹이에도 눈독을 들일 뿐 아니라, 기회만 엿보이면 도둑질을 해대니 사회적 불안요인이 얼마나 심각하오.
부자의 죄가 큰가, 가난한 자의 죄가 큰가의 판가름은 최후의 심판자가 내릴 것이오. 양심고백을 먼저 하는 사람은 위선의 청렴을 지켜내겠다며 끝까지 죄를 감추려 하는 사람보다 형량은 가벼워지는 법이오.

25/신이라도 된다는 말인가?

나는 누군가와 눈을 맞췄다. 상대방의 눈빛은 차갑다. 형세가 좋으면 까다롭게 구는 싸움꾼의 눈매이다. 천민노예 하나쯤은 소리 소문내지 않고 간단하게 해칠 수 있다는 독기가 머금어져 있다. 엄청나게 큰집을 소유하고 있는데도 그 부귀영화에 만족할 수 없다는 탐욕심도 비친다. 추측과 확실한 지식은 별개로 나눠진다고 하나, 그 다른 한편으로는 구원자인 양 심판자의 위엄이 엿보이기도 한다.

유한의 인생인데, 죽지 않는 신이라도 된다는 말인가?

제2장
사람과 사람

"이보게, 친구! 날 죽음의 낭떠러지로 안내하는 건가?"
"그렇다네. 자네 죽고 싶다 하지 않았나. 그 죽음을 내
직접 목격하려네."

26/여행길에

여행 동반자인 두 친구는 발견한 창고에서 하룻밤 묵기로 하고 여정을 풀었다. 창고에 쌓인 개별 자루는 콩, 옥수수, 밀 등이 담긴 곡물이었다. 당장 허기를 달래줄 양식이 아니자, 두 친구는 궁책을 좇다 한 구석에 처박혀있는 그릇을 발견했다. 그 그릇에 가장 빨리 먹을 수 있는 옥수수 알갱이를 담아 불을 지폈다.

　"삶아야지 튀겨 먹자는 거냐?"

　"형편에 맞춰 먹자."

27/두 친구

사업실패로 의기소침에 빠진 친구를 한 친구가 생소한 낯선 곳으로 안내했다. 침울 감에서 좀처럼 깨어 나오지 못하는 친구는 그나마 친구를 믿고, 새로운 풍경에 차츰 적응하며 외딴 유경幽境 길을 함께 걸었다. 친구는 돌부리 박힌 기나긴 길목을 아무리 조심조심 넘어가도 여전히 푸른 초장이 나타나지 않자 잘못된 엉뚱한 길이 아닌지 의문을 품었다.

　"이보게, 친구! 날 죽음의 낭떠러지로 안내하는 건가?"

　"그렇다네. 자네 죽고 싶다 하지 않았나. 그 죽음을 내 직접 목격하려네."

말투가 꾸밈없이 천연하다. 친구는 화를 버럭 내지르며 친구를 밀쳐냈다.

　"나의 죽음을 바라는 너의 거짓 우정 모든 친구에게 속지 말라 알리기 위해서라도 내 오기로 살아보려네."

28/한 모금의 물

채무자는 채권자가 가장 무섭다. 채권자가 사정을 봐주지 않고 다짜고짜 팔목부터 비틀어 죄는 지독한 악질이라면 그 긴장의 초조감은 더욱 높아진다. 언제 쳐들어올지 모르는 그를 피해 며칠씩 집을 비워야 할 때도 있다.

반드시 대성공을 보이겠다며 평소 알고 지낸 먼 친척으로부터 큰돈을 빌려 쓴 젊은이는 결국 사업을 접고 말았다. 자신 대하기부터 떳떳하지 못하고 부끄러웠다. 모든 사람이 "내 돈 내놔!"하면서 사납게 달려들 채권자들로만 보였다. 절망이 낭떠러지로 인도했다. 절벽 아래는 깊어 겁먹은 사지가 부들부들 떨렸다.

　"이봐, 젊은이. 듣는 귀가 있으면 쫓기는 그 긴장이 뒤돌아보게 하니 아무 소리도 듣지 않겠다는 다짐부터 가지게나."

지혜로운 현인의 말을 반갑게 받아들인 젊은이는, 나 자신부터 알자며 산속으로 들어갔다. 적응이 쉽지 않았다. 시간은 지각을 일깨워준다. 고적한 삶에 차츰 눈이 떠지자 물 한 모금의 고마움을 깨달았다.

29/사업가의 항변

벌리는 사업마다 장사가 안 돼 더는 버틸 수 없게 된 그는, 기도 자를 찾아 신의 노여움을 풀어 달라는 청원을 올렸다. 기도 자는 내 기도라면 신의 노여움은 얼마든지 달랠 수 있다며 안심시키고 돌려보냈다.

사업가는 기도자의 말을 굳게 믿고 은행에서 대출받은 돈으로 가게를 다시 열었다. 역시나 파리만이 눌러앉아 있을 뿐 물건을 사러 오는 사람은 한 명도 없었다. 속았다는 분노를 참지 못하게 된 사업가는, 그 돈을 돌려주지 않으면 사기죄로 고발하겠다는 으름장을 놓았다. 기도 자가 답변을 냈다.

"나는 신의 계시만 따랐을 뿐, 그 돈을 몽땅 가져간 신에게 환불 요청을 해야지 난 그 큰돈 갚을 능력이 안 되는 심부름꾼에 불과하오."

사업가가 입을 열었다.

"인간 대 인간 간의 문제를 신께만 돌리는 당신은 가짜요. 한 인간도 설득하지 못하는 당신이 신의 노여움을 달래보시겠다. 개가 웃을 노릇이오."

30/인정

사업장이 일시에 무너지자, 사장은 분을 이길 수 없었다. 그는 신의 판결이 옳지 않다며 하늘을 향해서도 욕설의 악담을 마구 내질렀다. 그 욕설은 곧 먹구름을 불러들이는 계기가 되었다. 폭우가 쏟아졌다. 삽시에 불어난 큰 범람으로 강가의 집이 휩쓸렸다. 잠을 자다 벌떡 깬 사장은, 창문을 열어 자기 집이 거센 물살을 타고 하염없이 떠 흐르는 것을 보고 수장水葬을 앞둔 운명에 겁이 났다. 그는 신의 위대를 인정하며 굴복했다. 구원의 기도를 올렸다. 구조대가 고립에 갇힌 그를 발견하고 힘써 뭍으로 건져 올렸다.

31/장손

한 집안의 장손인 청년은, 일 년에 몇 차례씩 치르는 조상 제사가 시대에 맞지 않게 못마땅해 보이자 종손을 무시했다. 그에게 문을 닫을지도 모를 사업 존폐 위기가 닥쳤다. 그렇지만 부모 형제는 물론이고, 그 종손들조차도 그를 돕지 않고 내버려 뒀다.

32/능력 밖의 사업

경영의 신이 오랜 가난에 절어 도무지 기를 펴지 못하는 사람에게 마침내 기회를 열어 주기로 하고 사업체를 맡겼다. 삶의 사기가 한껏 달아오른 사람은 큰 포부를 품고 모든 역량을 쏟아 영업기술 등의 전반적 운영방법을 배우며 다져나갔다. 그렇지만 기나긴 가난에만 짓눌려 있었던 사회성 부족 탓에, 그 경지에 오른다는 것은 맨몸으로 우주를 날아보겠다는 허상 꿈에 지나지 않음을 통감하며 바닥에 주저앉아 한숨을 새어 냈다. 그는 경영 신에게 사업체를 자진 반납했다. 경영의 신이 그에게 물었다.

"당면의 생계문제를 어찌할 셈이냐?"
사람이 대답했다.

"풀을 뜯어 먹든 죽을 쑤어 먹든 하늘로부터 부여받은 재능은 글 쓰는 재주 하나뿐이라 그 일에 매진하겠습니다."

33/아버지와 살인범

아들을 잃은 아버지는 그 살인범의 집을 찾아 도끼부터 휘둘러댔다. 살인범이 재빨리 피하는 바람에 도끼날은 처마를 받친 기둥나무를 부러트렸다. 동시에 무너져 내린 처마 잔재더미는 그대로 아버지의 몸을 덮었다. 벌을 받아야 할 놈은 저놈인데, 되레 화를 당한 꼴에 아버지는 이를 가는 분을 더욱 끓였다. 그렇지만 잔재더미에 갇힌 몸이라 보복의 앙심을 쓸 수는 없었다. 더구나 현실상 목숨 보전 여부는 살인범 손에 달려있다 해도 과언이 아니다. 아버지는 살인범을 달래기 시작했다.

"얘야, 나 좀 살려다오."

"안 됩니다. 그대로 계세요."

"왜지?"

"감정이 좋을 리 만무하니, 살인범죄는 저에게서 끝내야 하니까요."

34/그림을 볼 줄 아는 놈은 너뿐이구나.

삶의 의욕이 없어 보이는 한가한 젊은이를 바라보는 사람들의 시선은, 실력이나 내공도 없이 무임승차로 살아가련다는 비난이었다. 젊은이는 사람들의 그런 맵쌀 눈빛에는 전혀 신경을 쓰지 않고, 자신이 평소 눈 여겨둔 인생 고민을 그림에 담았다. 어느 날 젊은이는 실체가 아닌, 그럴듯한 묘사에 불과한 그간의 그림들을 들고 시장에 나갔다. 물건을 팔고 사는 시장인지라 사람들은 생활에 불필요한 그림에는 관심을 기울이지 않았다. 그림 중에 새끼 밴 원숭이가 있었는데, 제 주인을 따라 나온 애완견만이 뭘 안다는 듯이 유심히 관찰한다. 그리고는 그림 값을 내지 않고 입에 물고 가져가 버린다.

　"그림을 볼 줄 아는 놈은 너뿐이구나."

35/그림의 현상은

미지의 세상을 개척하는 도전에는 위험한 요소들이 참 많이 깔려있다. 예기치 못한 올가미에 갇혀 옴짝달싹도 못할 수도 있다. 날개 품에 꼭 감추고 부화시킨 새끼가 뱀이라, 그 뱀에 잡아먹히는 암탉의 운명을 맞을 수도 있다. 빠른 정착을 바란다는 욕망으로 돌을 황금으로 착각할 때도 있다. 손톱 밑 가시로 통증에 시달릴 수도 있다. 그런데도 자신을 키우는데 아무런 역량을 기울이지 않고 언제까지나 남의 창작물만을 구경 다니는 사람보다는 월등히 낫다.

역량을 쓰지 않는 것은 자신에게 큰 죄를 짓는 것이다. 책상머리에 눌러앉아서 산을 오르는 상상은 걱정만을 키울 뿐이다. 그림의 현실은 붓을 쥔 손길에서 나온다.

36/기업인의 옛 기억

성공한 기업가들이 친교 모임을 가졌다. 그중에 혼자 힘으로 대기업을 일으켜 세운 자수성가형 회장도 참석하여 자리를 빛냈다. 그는 인생 나이나 기업인으로서의 선후배를 가리지 않고 회원의 자격으로 인사를 두루 다녔다. 누구에게나 허리 숙인 깍듯한 인상의 겸손이 돋보였다. 그 힘들고 어려웠던 가파른 언덕의 먼지를 몽땅 뒤집어쓴 지난날 시절에 이를 악물고 깊이 새겨둔 몸에 밴 습성이었다. 그러던 그가 선친의 기업을 이어받아 운영을 맡은 중년신사 앞에서는 인상을 찌푸리며 냉큼 돌아서 버렸다. 그가 자리에 앉자 옆자리 회원이 귓속말로 살그머니 물었다.

"내가 저이를 외면한 까닭은 작업복 채로 밑바닥을 기었을 당시 머릿기름 윤기는 반질반질하나, 그 정신머리 생각부터 사악한 사람들 사이에서 나를 흉보는 이야기를 들었기 때문입니다."

37/곡예사 아버지

무료감을 달래는 데는 여러 사람이 둘러앉아 이야기를 나누는 것이다. 노인들은 저마다 자녀들 어떻게 키웠네, 지금은 어느 회사, 어느 대학교수라네 자랑을 침이 마르도록 늘어놓았다. 그 가운데 별말 없이 오고 가는 이야기만 가만히 귀 담아 듣고 있던 한 노인이 차례를 맞아 입을 열었다.

"내 아들놈은 아비를 잘못 만나 줄타기 곡예사로 밥 벌어먹는다오."

이에 수염 노인이 물었다.

"아들의 장래가 걱정되지 않소?"

"그렇지 않소. 가장 멋진 인생은 자신의 삶이지 아비가 무슨 소용이오."

38/드러난 신분 차이

한 동네에서 어린 시절을 보낸 인연으로 사회친구로 발전한 두 사람은, 직장이 쉬는 휴일을 맞아 야외에서 놀다 돌아가는 길에 술집에 발을 들였다. 거나하게 취한 두 사람은, 어깨동무 한 채로 노래를 흥얼거렸다. 그때, 어디선가에서 찬송가 소리가 들려왔다. 교회성가대의 합창연습이었다. 친구는 친구에게 교회구경 하자며 소매를 잡아끌었다.

　"너나 마음껏 구경해라. 난 이대로 내 길을 가련다."
20년 후 신문을 보다 낯익은 인물을 알아본 그는, 곧바로 경찰유치장 면회를 신청했다. 살인강도로 옥에 갇힌 사람의 손을 맞잡은 장관은 눈물을 흘리며 위로 말을 건넸다.

　"자유의 몸이었을 때, 좋은 훈계를 들었다면 바른 삶의 인도를 받았을 게 아닌가."

39/요양원직원

기력이 쇠해진 노파는 누구의 도움을 받지 않고는 나들이도
쉽지 않자, 참해 보이는 요양원 여직원을 곁에 두고 시중을
들게 했다. 은행에 맡긴 통장관리도 위임했다. 요양원직원은
할머니가 필요로 하는 물품들을 하나씩 구매하면서, 자신의
몫도 함께 챙겼다. 언제부터인가 요양원직원의 말수가 많아
졌다. 일종에 아첨부리의 살붙이였다.

심성이 소녀처럼 여린 할머니는 여직원을 더욱 착하게 보
고, 다락방에 꼭꼭 숨겨둔 보물 함을 소개했다. 여직원은 가
늠이 안 잡히는 보물 무게 정도라면 큰 부자가 될 수 있겠
다는 눈치의 희망에 부풀렸다.

어느 날 낮잠을 자는 노파 몰래 다락방 보물 함을 열어본
여직원은 적잖은 실망을 하고 말았다. 그 안에는 사별한 남
편과 주고받은 연애편지만이 한 가득 들어차 있었을 뿐이었
다.

40/복지과 직원

나이 지긋한 백발노인이 의사가운을 입고 일선에서 물러난 노인들이 인생의 마지막 여정을 보내는 요양소를 찾았다. 그중 한 할머니가 원수 같은 그 사람을 단번에 알아보고, 동료 노인들에게 자신이 당한 신체 피해 내력을 귓속말로 알렸다. 친절을 가장한 밝은 낯빛의 복지과 직원이 한자리에 모여 앉은 노인들을 둘러보며 인사말을 건넸다.

"평안하십니까."

"행복이 넘쳐 좋아요."

반장격인 할머니가 대답했다.

"단 하나, 일전에 당신의 못된 난행 짓으로 신체 망가진 분께서 꼴 보기 싫다 네요."

41/**누구의 돈이 되겠는가?**

큰돈을 벌어 사회 지위를 높이고 싶다는 풍운을 안은 그는, 그 사표로 삼을 만한 인물의 발자국을 두루 찾아 다녔다. 그는 오랜 근무자 경비원에게 이 회사 대표자 성향은 어떠한지를 물었다.

　"말도 말게! 굶주린 사자처럼 어찌나 사나운지, 그 무지막지한 지랄방정에 혼비백사 떠는 사람들이 싸들고 온 돈을 글쎄...잊고 도망부터 치지 않는가. 그럼, 그 돈 누구 것이 되겠는가?"

42/썩은 밤송이

사정이 다급해진 여자는 한 가닥 희망을 걸고 집을 나섰다. 여자가 문을 밀고 발을 디딘 곳은 미장원이었다. 여자는 어두운 안색을 겨우 펴고 간절한 목청으로 도움을 요청했다. 미장원 주인은 사사건건 마찰로 원수지간인 여자의 눈물 어린 하소연을 고소하게 받아들였다.

"자, 일어나서 이걸 받아요. 반드시 아이들 앞에서 풀어 봐요."

감사하다며 머리를 연시 꾸벅이고 날래게 집에 돌아온 여자는, 둘러앉은 자녀들과 함께 작은 포장상자를 열었다. 아뿔싸! 상자 안에든 물건은 썩어가는 속 빈 밤송이 몇 개뿐이었다. 여자는 매서운 불만을 터트렸다.

"가시를 쥐고 피를 흘리라는 거네."

43/뒤늦은 후회

망인의 빈소에 옛 친구들이 둘러앉아 먼저 간 친구를 둘러싼 추억담 이야기를 나누었다. 친구들은 친구의 죽음은 술이 과했다는 것만을 알고 있었다. 그때, 사인의 병명을 최후로 서류에 기재한 의사가 모습을 드러냈다.

"여러분들의 친구 분은 술의 원인도 있으나, 그보다 온몸으로 전이된 암을 사전에 제거하지 않았기 때문입니다."라는 소견을 밝혔다. 친구 한 명이 대뜸 반문했다.

"이봐요, 그 암을 알았으면 제때 치료를 했어야지 이제 와서 그 얘기를 한들 무슨 소용이오."

44/고막을 맑게 깨우다.

멀쩡하게 살아 숨 쉬고 있는 마누라를 생과부로 차 버린 것도 모자라, 허구한 날 집에만 처박혀 있는 남편에 대한 미움은 갈수록 심해져만 갔다. 말단공무원 퇴직 후 10년 동안 집안일 돕는 것은 고사하고, 가까운 공원 산책하자는 말 한마디 없이-일 년에 단 한 번 부부동반 연말모임에 갈지라도 각자도생으로 집을 나섰다, 그 장소 앞에서 간신히 만나 들어가곤 했던 남편.

아내는 열불이 치밀어 잘 자라 준 두 아들딸과 주변 사람들이 그토록 뜯어말린 이혼 생각을 다시금 떠올리며 이를 부득부득 갈았다. 아내가 몸이 아파 병원에 다녀도 아랑곳하지 않는 것은 물론이고, 남편 역할과 구실도 못 하는-속만 지글지글 썩이는 이 못난 인간을 대체 어찌하며 좋을까? 아내는 여러 고민 끝에 행복의 거리와는 까마득히 먼 가족사 이야기를 글로 남기기로 하고 펜을 들었다. 그러면서 아내는 30년 세월의 기억을 더듬다, 있어도 그만 없어도 그만이라던 그 독한 원수 감정에 묻혀 미처 깨닫지 못했던 남편의 좋은 면을 찾아내기 시작했다. 차려준 식탁 음식은 편식 없이 아무거나 잘 먹고, 바람피우는 남몰래 짓도 바보처럼 못 하는 남편이 한심하며 자랑스러워지기까지 했다.

아내는 그 길로 글쓰기를 전수하는 강사로 나섰다. 실존 말은 사람의 고막을 밝게 흔들었다. 진동울림이 컸다.

45/지적장애인의 지혜

그는 지능이 낮아 직업을 가질 수 없었다. 일을 시키면 사고를 치거나 엉뚱한 짓으로 일을 그릇 치게 하는 경우가 잦아 아무도 그를 쓰질 않았다. 심지어 똑똑한 사람들이 내일 뭐하지, 내일 뭐하며 지내지 따위의 미리 걱정조차도 하지 않고 허구한 날 태평한 나날을 보냈다.

어떤 시장 상인이 하릴없이 건성건성 돌기만하는 지적장애인에게 심부름 갔다 오면 용돈을 주겠다고 말했다. 입이 해죽 벌어진 그는, 무엇이 싸였는지 알 바 없는 보따리 하나를 들고 길을 나섰다.

노상에서 두 사람이 막 싸움을 벌이고 있었다. 구경꾼들은 많은 데, 아무도 그 싸움을 말리지 않았다. 이때 지적장애인이 그 복판으로 뛰어들어 심판을 보겠다고 자청했다. 이긴 자가 진 자를 업고 승리의 자축으로 동네 한 바퀴 돈다는 조건을 내걸었다.

두 사람 간에 싸움이 다시 이어졌다. 보다 체격이 건장한 사람이 마지막 일격을 가하려 주먹을 쳐들었다. 이때, 지적장애인이 갑자기 그사이에 끼어들어 패색이 짙은 자 대신 그 주먹을 맞고 바닥에 쓰러졌다.

   "자, 내가졌으니 나를 업으시오."

이긴 자는 지적장애인을 업고 지적장애인이 가리킨 집 앞까지 왔다. 지적장애인은 보따리를 전해주는 것으로 임무를 무사히 완수했다. 이긴 자가 돌아서서 가려 하는 것을 지적장애인 불러 세웠다.

"아직 반 바퀴 남았소."

지적장애인은 힘 하나 안 들이고 심부름 다녀온 대가를 받아 챙겼다.

46/모든 사람이 똑같이 보인다.

사람들은 그를 믿지 않았다. 그의 타고난 못된 행위에 한 두 번쯤 당한 경험이 있었기 때문이었다. 단 한 사람만은 예외였다. 행동이 미천하고, 사회지식은 물론이고 고작 밥만 먹을 줄 아는 바보 중의 바보, 보편적으로 재수 없는 무능한 인물로 취급받는 지능 낮은 청년이 그 주인공이다. 그는 행실 나쁜 그 사람이 코를 비틀며 욕을 질러도 아무렇지 않다는 듯이 헤헤 웃음으로 넘기는 습성을 가지고 있었다. 그의 눈에는 모든 사람이 차별 없이 똑같아 보이기 때문이다.

47/바람을 탄 사람

그의 속 감춘 거짓말은 실 뜨개처럼 슬슬 잘 풀렸다. 상대방에게 현수교로 귀담아듣게 했다. 청취자는 성공할 수 있다는 확신을 굳게 품었다. 그날 밤, 혀 하나로 먹고사는 사람은 육신은 잠에 들었으나, 뇌는 깨어서 가지들을 쭉쭉 뻗어 내린 어느 덩굴 숲속을 헤매고 있었다. 자신이 왜 이곳에 오게 됐는지 영문을 캘 겨를도 없이 이리저리 주변을 살펴보던 그는, 자신 앞을 얼키설키 자욱하게 가린 거미줄을 목격했다. 헤집고 나가야 할 길목은 더욱 복잡해졌다. 한 줄기 바람이 스쳤다. 바람은 거미줄에 걸리지 않고 저편의 덩굴 가지를 시원스럽게 흔들어 대었다. 그는 자신도 접착제의 힘으로 모든 생명체를 낚아채는 거미줄을 통과할 수 있겠다 싶은 모험심을 일으켜 세웠다. 그는 바람 등에 올라탔다. 그렇지만 눈에 보이지 않는 바람은 거미줄 사이사이를 지나면서 사람을 떨쳐냈다. 아니, 끈적끈적 거미줄에 사람이 걸려 미처 바람을 붙들 수가 없었다.

48/교훈

예비시인들을 가르치는 선생이 제자들에게 시인의 자세에 관해 몇 가지 교훈을 들려줬다. 첫째, 사람이 돼라. 둘째, 나를 이기는 싸움을 쉬지 마라. 셋째, 앉은 자리에 풀이 돋게 하지 마라. 넷째, 최소 삼 년은 버틸 식량거리를 비축해 두어라. 다섯 번째 사색은 혼자, 소원해지기 쉬운 둘이서는 가급적 적당한 거리를 둬라. 여섯 번째, 세 사람 이상과는 허물없는 우정의 대화를 많이 나눠라.

49/장수

어떤 노스승이 자신을 방문해준 옛 제자들 앞에서 다음과 같은 말로 인사치레를 했다.

　"자세가 굽었든 곱게 뻗었든 나무는 자신의 본 모습대로 생을 지켜나간다. 저울이 물건의 무게를 달 듯이, 나의 능력을 제대로 이해하며 아는 것이 인생의 순응이며, 그 뿌리를 어두운 땅속 깊이 묻어둔 자는 장수를 누린다. 하루하루 과정을 쉼 없이 열심히 산 생장의 보람이다."

50/유전창조자

유전의 기초는 심원함에서 세워진다는 연구를 오랜 세월 동안 해온 명철 자는, 견고는 여러 번 넘어지며 무너졌던 수고의 결과물이라는 것으로 최종 정리를 마쳤다. 그런데도 유전이 그 방향을 잃고 물에 빠져 파도에 휩쓸리는 안타까운 사연이 여전히 빈발하자, 그것은 심성이 안전하지 못한 사람이 문제라고 지적했다. 신생新生이 결연된 사람의 잘못이라는 주장을 낸 것이다. 한 발 더 나가 유능하기는 하나, 어딘가 세속 성향이 있지 않나 싶기도 하였다.

"주체이긴 한데 초대받지 못한 손님 같은 느낌? 또는, 생명 없는 몽상. 맙소사! 유전창조는 이래저래 부지가 어렵구나."

51/채소 이야기

손질로 키워진 채소들은 약하면서 빨리 시들어버린다. 이에 반해 자연 풍경인 햇살, 물, 공기로 길러지는 야생채소는 튼실하게 생기가 밝다.

사람에 비유한다면 의붓어머니에게서 길러지는 아이는, 친어머니의 보호를 받는 아이만큼 명랑성이 떨어진다.

52/누구인지를 아는 건

뒤를 돌아봐야만 볼 수 있는 사물이 있고, 땅을 내려다봐야만 찾을 수 있는 물건이 있다. 전자는 줄을 선 뒷사람이고, 후자는 떨어트린 것을 주워들어야 할 때이다. 이처럼 사람은 자기중심으로 태도를 정한다. 사고는 깊을수록 자신이 누구인지를 안다.

53/못돼 먹은 불한당

버스정류장에서 서성거리던 남자가 버스에서 하차하는 아가씨에게 아는 체를 했다. 아가씨는 좋은 인상에 마음을 놓고 몇 마디 물음에 답을 냈다. 그때, 갑자기 껴안은 남자가 여자의 볼을 핥으며 입술까지 훔쳤다. 이른바 노상 성추행 이었다. 아가씨의 오른손이 들리면서 따귀를 한 대 갈겼다.

"나쁜 자식, 그렇게 못돼 먹은 불한당이었어?"

54/여종의 경쟁

그녀는 부잣집의 살림을 도맡아 책임진 여종이다. 성격이 싹싹하며 인사성도 밝아 방문 손님들조차 칭찬을 아끼지 않았다. 주인은 흡족했다. 단, 못생긴 얼굴만큼이나 치아 상태도 들쑥날쑥 뻐드렁니 하여 그 이상 예쁘게 봐주기는 어려웠다. 주인은 어서 돈 모아 독립하라며 고정 봉급에서 얼마를 더 얹어 사기를 북돋아 주었다. 그녀는 그 공돈으로 사치품을 사들였다. 순전히 자랑 목적으로 시계와 목걸이 외에 의복도 최고급품으로 구매하여 외모를 치장했다. 그러나 그 사치품은 비 교양하게 못생긴 얼굴과는 대조하게 어울리지 않고, 되레 추함만이 더욱 돋보일 뿐이었다. 그러면서 봉급을 초과하는 지출을 한 달도 생겨났다. 분수를 잃은 결과는 갚아야 할 빚만 늘었다.

모두가 고등교육의 미모를 갖춘 몸매가 우아하게 아름다운 여주인보다 우월해지고 싶다는 경쟁에서 비롯되었다.

55/사치는 정상적 이성이 아니다.

은행에서 대출받은 돈으로 호화롭게 살아가는 여인은, 아름답게 꾸미는 사치를 즐겼다. 사회는 매출을 높여주는 그녀를 귀빈으로 대접했다. 사교계에서도 돈 잘 쓰는 그녀를 애지중지 관리했다. 백화점에서 입점을 마쳤다는 이탈리아제 가구를 소개하는 카탈로그를 보내왔다. 집 안의 품위를 우아하게 높여줄 게 분명했다. 그녀는 그 가구를 주문하면서 일 년밖에 안 된 가구를 내다 버렸다.

삼 개월 후 카드사의 청구 명세를 들여다본 그녀는, 안색부터 찌푸렸다.

　"왜 이렇게 많이 나왔데..."

그녀는 최고급 제품만을 전문적으로 사들이는 업자를 불러 몇 가지 물건을 팔았다. 덕분에 이달의 위기를 간신히 넘길 수 있었다. 나날이 속이 편치 않고 불안했다. 그녀는 업자를 다시 불러 이번엔 그림과 침대를 흥정했다. 터무니없는 낮은 금액제시에 그녀는 화를 버럭 냈다. 생떼를 부려 몇 푼을 더 받아냈다. 이젠 내다 팔 수 있는 건 값비싼 의류와 신어보지 못한 포장 상자 안 구두 따위뿐이었다.

연체통지가 날아왔다. 땅이 꺼지는 안절부절은 초조를 불러들여 밤잠을 설치게 했다. 그녀는 평소 친절로 맞았던 사교계 몇몇 인사들에게 전화를 걸어 도움을 요청했다. 그들의 반응은 예상 밖으로 하나 같이 싸늘했다. 어금니 깨지게 하는 충격의 배신은 뼈마저 엄동설한으로 떨게 했다.

드디어 위기가 몰아닥쳤다. 인상 험한 몇몇 법원 직원이 여기저기에다 압류딱지를 붙이고 돌아갔다. 공지된 경매 날에 집 등기자의 이름이 전격 바뀌었다. 그녀는 그날로 산동네로 도망쳤다. 그곳은 여러 모양의 실패로 죽지 못해 살아가는 최빈곤층들의 단체 주거공간이었다. 앞이 캄캄했다.

56/그 사람

보지 못했거나 듣지 못한 일은 알 수 없으나, 그 이야기를 다리 역할로 전달해주는 그 사람이 어떤 성질의 인물이냐에 따라서 변별은 가능하다. 거짓말을 하는 입술은 진실성이 모자라는 인물이므로 신뢰부터 두지 않게 되나, 흉이 될 만한 소식인데도 긍정을 말하는 사람은 마음 바탕이 유순하여 많은 친구를 얻는다.

직위위협에 직면한 왕이 있었다. 삶을 유복케 한 맛 난 꿀을 더는 따먹을 수 없게 됐다며 줄을 놓아버린 많은 사람이 욕설의 침을 뱉으며 그에게서 등을 졌다. 왕을 모독하는 아첨꾼들 속에 왕의 절친 한 명도 앉아있었다. 반란이 성공하면 왕직에 오르게 되는 차세대 대장이, 왜 친구 편에 서 있지 않고 이곳에 남아 있느냐, 할 정도로 왕과는 각별한 사이였다. 반란 꾼들은 일정에 맞춘 실행 안을 공포했다. 왕의 친구는, 곧바로 수하에 둔 사람을 구석으로 불러 위급한 이 소식을 왕에게 한시바삐 전하라며 외딴 성으로 보냈다. 왕의 친구는 만일을 대비해 앞사람 모르게 한 사람을 더 달려 보냈다.

성루 망 파수꾼의 눈에 달음박질을 유지하며 양손을 세차게 흔드는 사람이 목격되었다. 성문을 어서 열어달라는 신호였다. 그 뒤로 마치 결승점에 다다른 앞 사람을 제치겠다며 헐레벌떡 따라붙는 또 한 사람이 시야에 들어왔다. 파수꾼은 성문을 지키는 수문장에게 먼저 도착하는 사람에게는 문을 열어 주고 뒷사람은 따로 격리해 두라고 일렀다.

파수꾼은 앞선 사람을 왕 앞으로 안내했다. 신망이 높은 친구가 보낸 그 사람을 왕은 친구를 대하듯이 반겨 맞았다. 친구의 여차여차 기별을 중도 인으로부터 전해들은 왕은, 즉각 군사를 모아 반란군들의 본부 성에 보냈다. 내일의 출전준비로 잠을 자고 있던 반란군들은 모두 전멸 당했다.

57/강도

부잣집 담장을 뛰어넘고 값비싼 금품을 훔친 그는 좀도둑에서 많이 컸다는 자신을 자랑스러워했다. 그 담력을 믿고 은행을 터는 계획에 맞춘 그날에 복면으로 얼굴을 가린 그는 그만 엉겁결에 은행직원을 칼로 찔러 죽였다. 요행히 은행을 빠져나온 강도는 큰 사고를 쳤다는 현실이 무서웠다. 강도는 강물로 내달렸다. 피를 지운 그 손으로 얼굴과 목덜미도 그 참에 동시에 씻었다. 강도는 안심했다. 흐르는 물빛은 붉었다. 그때, 순찰 도는 경찰이 옷자락에서 핏물을 뚝뚝 흘리는 사람을 수상하게 보고 붙들어 심문 후 유치장에 감금했다.

58/과거로 돌아간 전과자

어떤 사람이 어떤 중한 범죄로 15년을 산 교도소에서 마침내 해방되었다. 그는 그간 하고 싶은 일들이 너무 많아 무엇부터 시작해야 할지 감을 잡을 수가 없었다. 그만큼 사회성이 아둔하게 캄캄했다. 사람을 사귀는 일도 사교성이 떨어져 그들 둘레를 맴돌 뿐이었다. 무엇보다 범죄에 쉽사리 유혹되는 경제사정 해결이 급했다. 그는 사는 동네에서 그리 멀지 않은 지역을 배회하다 길바닥에 주저앉아 낮술을 즐기는 노숙자를 만났다. 벌써 취해 알아 들을 수 없는 횡설수설로 입방아를 떠는 그의 눈은 초점을 잃었을 뿐 아니라, 정신기능도 무너져있었다.

"저 꼴이니 미래가 없지." 그는 혀를 찼다. 그러면서 자신을 망가트린 과거로 재빨리 돌아가 남은 몇 병의 술을 다 비워 비틀비틀 거리는 신체를 노숙자 곁에 누여 잠에 빠져들었다.

59/전과의 심판

물에 빠진 사람의 당장 소원은 위급에 처한 목숨을 구하는 것이다. 깊은 물속에서 허우적거리는 사람이 지나는 사람에게 살려달라고 소리를 질렀다. 익사에 몰린 사람은 다름 아닌 강간범이었다. 시집 안 간 딸 하나를 남겨두고 있는 사람은, 저이를 살려주면 내 딸도 그 화를 당하게 될 거라며 외면했다.

60/악덕

인덕이라고는 눈곱만큼도 없는 그에게는 정당한 설명은 소용없었다. 이웃들에게 뒤에서 주먹부터 쥐게 하는 악덕 자는 꾀를 썼다. 산 흙을 끌어다 하천 복판을 가로막기 시작했다. 그렇지만 계속해서 흐르는 물길에 흙이 씻겨 둑을 생성해 낼 수가 없었다. 이번엔 크고 작은 돌덩이를 끌어다 강물 속으로 풍덩 풍덩 던져 채웠다. 이편에서 저편으로 건널 수 있는 돌다리가 마침내 탄생 되었다.

범람의 큰 홍수가 기반입지가 약해 안전하지 못한 긴 돌다리를 일시에 휩쓸어 무너트렸다. 농부들이 밭에 물을 댈 수 없게 하면서 작물을 말려 죽이겠다며 벼르고 덤빈 그의 피땀의 수고는 자신부터 목마르게 했다. 그는 결국 쓰러지고 말았다.

61/갈등풀이

직장동료와의 갈등 심화로 심기가 무거워진 회사원은, 평소에 하던 일도 힘이 들어 뒤로 미뤘다. 사장이 이를 발견하고 왜 게으름피우느냐고 야단을 쳤다. 입이 있어도 한마디 변명도 못 한 그는 우군이 없다는 것과, 죽이고 싶도록 미워진 동료를 찌를 수 있는 결정적 벌침鍼이 없다는 현실에 외로운 고독을 느꼈다. 그가 신에게 물었다. 신이 답변을 냈다.

　"그 문제 발생은 내 편에서 외압이라 받아들인 데서 비롯된 것이니, 자신을 좀 모자라는 사람으로 낮춘다면 원만한 이해가 피어난다."

62/잠깐 비운 사이

화물차로 가게마다 음료와 주류를 배달하는 그는, 재질이 강한 무거운 플라스틱 상자를 운반하다 저편에 규격 모양이 똑같은 상자를 발견했다.

"저건 우리 상자인데 왜 저기 있지?"

운반자는 등에 짊어졌던 상자를 내려놓고 그것을 챙기려 자리를 비웠다. 그 사이 술을 꽤 좋아하는 한 노숙 인이 바닥 상자를 냉큼 들고 사라졌다.

63/오해

점심 식사를 마치고 돌아온 사람은 정리하며 쌓아둔 짐 몇 개가 사라진 것을 발견했다. 그 값을 물어내야 할 판국이 된 그는, 성질을 부리며 주변을 두리두리 살폈다. 복장 남루한 사람이 눈에 띄었다. 인상도 험상궂은 게 영락없는 도둑놈처럼 생겨 먹었다. 그는 다짜고짜 달려들어 멱살부터 잡아챘다.

"네 이놈, 빼돌린 물건 어디다 팔아 치웠냐?"
날벼락 누명이 씌워진 상대는 어이가 없다는 표정을 지었다.

"이봐요. 뭘 잘못 알고 있는 것 같은데, 난 말이요 이 짐들을 실어갈 회사직원이오. 그 몇 개 짐 이미 차에 실렸소."

64/두 도둑

두 도둑이 새벽 시간대에 남의 집 담장을 뛰어넘었다. 그때 마침, 시간을 알리는 수탉이 홰를 질러 주인을 깨웠다. 도망으로 위기를 모면한 두 도둑은, 다음날 작전대로 먼저 벼슬의 수탉을 잡아 콧구멍에 링을 끼어 넣고, 주둥이 벌리지 못하도록 조치를 취했다. 두 도둑은 안심하고 마당을 돌아다녔다. 그때, 한 도둑이 돌연 비명을 지르며 그 자리에 주저앉았다. 쥐덫에 발목이 물린 것이었다. 동료는 같이 잡힐 수 없다면서 잽싸게 도망을 쳤다. 오도 가도 못하게 된 남은 도둑은, 결국 주인의 손에 잡히고 말았다. 그가 저주를 내뱉었다.

　"못된 도둑놈. 배반 않겠다는 맹세를 걸레 쪼가리로 찢은 네놈과 엮인다면 내 손에 장을 지지 리라."

65/불안증

마음껏 배부름을 누리며 사는 사람이 있었다. 체중이 피둥피둥 늘어나는 만큼 겁이 많아진 그는 매사가 불안했다. 깜짝 놀라게 하며 그 두려움을 불러일으키는 대상은 여느 생물도 아닌 사람이었다. 살을 빼려 병원을 찾은 환자에게 의사가 말했다.

"믿음으로 나에게 진료를 맡긴 것처럼 의심하지 않고 사람을 믿으면 그 불안증 사라집니다."

제3장
동물

해가 늪지를 말리자 개구리들은 삶의 터전을 잃게 될 운명에 처했다. 개구리들은 숲 그늘이 짙어 물이 쉬 마르지 않는 아래편 늪지로 이사 가자는 사안을 주 의제로 테이블에 올렸다.

성미출판사

66/거짓 마귀의 노림수

사탄이 앞에 모인 졸개 마귀들에게 너희는 신령하다고 자칭하는 자들을 찾아 그들에게 거짓말과 악랄함과 속임수를 내리라는 지시를 내렸다. 마귀들은 제각기 흩어져 소위 종교심이 깊다는 사람들에게 생각의 자유를 부여했다.

첫 번째 마귀는, 존경심이 높은 학자의 길을 노렸다. 대머리 학자는 자신의 실수로 넘어져 코가 깨졌다. 대머리는 보는 눈들이 없자, 동행인에게 네가 밀어 다쳤다며 병원비를 대라는 생떼를 부렸다.

두 번째 마귀는, 언제나 재정문제로 골치 아픈 종교단체장에게 한 생각을 집어넣고 지켜봤다. 단체장은 돈 많은 기업가에게 높은 이자를 쳐서 돌려드릴 테니 돈을 빌려 달라 졸랐다. 단체장은 재정 여력이 발생했음에도 차일피일 미루다 결국에는 사기죄로 고발당했다.

세 번째 마귀는, "간음하지 마세요." 설교를 외쳐댄 목사의 정신을 파고들었다. 어느 날 목사는, 자신을 잘 따르는 여신자와 호텔 침상에 누워 뜨거운 시간을 보냈다. 어떤 신자가 우연히 목격한 그 장면의 사진을 찍어 경찰에 제출했다. 경찰조사를 마친 목사는 검찰로 송치되었다.

67/뱀과 노파

영물인 놈의 약 올리는 거짓말은 도가 지나쳐 오관이 동원된 분노를 일게 했다. 숨이 막힐 지경인 끄름 냄새 가득한 어둠을 좋아하는 거짓 영은 앉으나, 서나, 걷거나, 뛸 때도 일체로 따라붙으며 속삭였다. 사실과 거리가 멀수록 웬 말이 그리 득달한지 그 시간이 다가오면 슬그머니 꼬리를 감추면서

"또 속았지?

라고 조롱 대는 음성 꼴은 흉괴 이상으로 얄궂다. 찔러 죽일 수도 씹어 먹을 수도 없는 간사한 영물 놈. 실체 없는 놈이 실존의 생명을 그토록 못살게 구는 행패는 임의로 선택한 사람의 세상 성공이 두렵기 때문이다. 그 사람은 두꺼운 얼음도 능히 깨는 통찰력 언어가 있고, 올바른 정의의 신앙관으로 하나님의 신원을 받고 있기도 하다.

거짓 영은 나에게 이점을 진중한 이면으로 깨닫게 했다. 또한, 오늘 얻지 못했으면 내일 역시도 손에 쥘 수 없다는 현실적 유심有心도 가르쳐 줬다. 흰머리 지혜로 생존의 지평을 열어갈 수밖에 없다.

선의로 위장한 가벼운 입만으로 한 인간을 파멸로 밀어 넣은 파렴치한 놈. 믿음을 저버리게 한 거짓 영. 하늘로 보내는 나의 감사노래를 시들게 한 저주 놈. 나와 나의 가장 깊숙한 본질을 산산이 깨부순, 나와 나의 진정한 나를 잃게 한 괘심, 현실의 고민과 번뇌를 떨쳐버릴 수 없도록 현실계와 단절 시킨 고립.

오랜 관계로 길들여진 놈의 입담에 귀 기울인, 나의 정신 차

리지 못한 어리석음을 자책한다. 대놓고 속보인 거짓말을 굳게 의지하고 앉아, 거기서, 멈춰 명령에 순종한 태도를 회개한다.

개인의 경제적 폐망, 한숨이 깊이 서린 비 활력, 운신 통제로 거리둔 사회적 무책임, 환상에 빠져 머리만 굴리는 앉은뱅이 신세, 대인관계 불통으로 멀어진 사람들.

흐르는 물결은 어지럽다. 그 여세는 강둑의 진흙더미 위에서 존재를 부각한 어두컴컴하게 침침한 온갖 잡목림 숲을 헤집는다. 그 복판 광채의 햇살이 비치며 푸른 갈대들이 드러났다. 그 숲을 불태웠던 낙조도 이윽고 저물었다.

어둠이 빽빽하게 들어찬 숲속 새들이 잠자리에 드는 시각, 강물 속 물고기들은 수면 위로 솟구치는 놀이를 즐긴다. 이와 달리 기슭은 서글픈 분위기에 잠겨있다.

태엽을 되감듯 악업은 악업을 낳는다. 미신을 신앙으로 믿는 노파는 동물 학대를 일삼는 성향이 있다. 특히, 위장의 꼬임이 사악한 뱀과 음식물 낚아채는 솜씨가 영리한 고양이를 가장 혐오한다. 유독 의심이 많아 자신조차도 미덥지 못하다는 변덕의 망상이 심해 두 동물은 아예 노파 근처는 가지 않으려 한다.

노파는 강변 지기이다. 외아들을 빼앗아간 원통에 매여 떠나지를 못하고 있다. 형세 왜소한 오두막에서 혼자 살고 있다. 주식은 해조류에 의존하고 있다. 세상에 남겨진 것은 하늘의 별빛들과 깔고 앉은 모래뿐이다. 낮에 여기저기 다니면서 주워 모은 나뭇가지 모닥불이 그나마 온기를 느끼게 하는 차가

운 밤이다. 노파는 그 불꽃 속에 묻어둔 개펄조개가 익기를 기다리고 있다

인기척 없는 적막한 밤 잔잔히 흔들리는 물결을 미동 없이 응시하고 있는 노파, 기회만 있으면 고개를 들어 속삭이는 마음속 깊은 아랫목을 차지하고 앉은 의혹의 목청을 듣는다. 비웃는 표정을 짓고 있는 가면의 악마, 영혼을 차지하고자 필사적으로 덤벼드는 악의 화신

　"죽었는지 살았는지 행방 모르는 아들이 보고 싶은 게로구나. 기대하지 마라. 아들은 내가 데리고 있다."

　"돌려줘!"

악에 받친 노파의 도발적 외침이 허공을 갈랐다. 환영의 악마가 살생 머금은 잔인한 미소를 흘린다.

　"내 영역에서 떠나!"

　"아들만 돌려준다면 당장 떠날게."

노파는 애처롭게 불안에 떨고 있다. 악마의 거짓말 전례로 미뤄 아들을 데리고 있다는 말은 믿을 수 없다는 반응이다. 노파는 악마의 하수인 뱀들의 소탕으로 투계鬪鷄를 다졌다. 다리와 귀가 없어 서로의 신호가 불가능한 뱀은 시력 역시도 약해 사물 식별이 희미하다. 자주 내미는 스스~혀로 공기·온도·진동을 감지한다. 또한, 신체적 약점은 허물(사퇴)을 벗지 못하면 죽는다는 점이다.

　"악귀의 사신아, 내 가만 두지 않겠다."

노파는 이를 바득바득 갈았다.

노파는 동굴을 향해 모닥불 연기를 피웠다. 네 마리 새끼를 이끌고 마침내 뱀이 나타났다. 노파는 사정없이 몽둥이로 패

대기를 했다.

　"망령된 노망할망구, 내 가만두지 않겠다."

악마는 사납게 달려들어 노파의 목을 힘껏 죄었다. 노파의 다 죽어가는 신음은 숨결에 지나지 않았다. 들쥐 도망은 갑자기 나타난 고양이 때문이었다.

　"꾹꾹 눌러 숨통을 막으세요."

고양이 응원이다.

　"오냐, 네 놈도 달라붙어 엉덩이를 물어뜯어라. 네 이빨 부서지지 않도록 조심해야 할 게다."

　"아이고 내 이빨. 할망구 엉덩이 바위예요."

　고양이 비명!

　"명이 질긴 할망구다. 도대체 어떻게든 죽일 수 없구나."

　"불사신이란 뜻인가요?

　고양이가 덧붙였다.

　"이를 어쩌나. 요괴를 쫓아내려면 아들을 돌려줘야 하는데, 고기밥이 된 지 오래 걸-."

　"저런! 사람을 집어삼킨 그 고기 살쪘겠네요."

　"이놈아! 아, 그렇지. 네 놈은 생선을 좋아하지. 잘됐다. 네가 물속에 들어가 사람을 잡아먹은 그 고기를 잡아 할망구에게 아들입니다, 하면 되겠구나."

　"싫어요. 난 물속이 무서워요."

68/**신당 문을 닫은 무당**

무당(여원)은 신령님이 내리신 영특한 신탁으로 사람들의 미래를 예언하거나, 병을 고쳐주는 일로 제 본분을 다 바쳤다. 그 노력의 덕분으로 안락한 생활을 누리게 되었다. 그러나 그녀의 궁궐성공을 시기하는 몇몇 무리들이 종교제단을 세우려 한다는 모함의 비판을 모아 종교 재판소에 이를 법적으로 막아 달라는 진정서를 올렸다. 기독교신자인 재판장이 심의 끝에 내린 판례 내용은 이렇다. 기도 아닌 외우는 주술만으로는 종교가 될 수 없는 우상숭배일 뿐이다.

법적 자격 권을 잃게 되어 개인 귀설鬼設의 잡귀자로 졸지에 주저앉은 무당은 신당을 폐쇄하는 도리 밖에 없었다. 이때를 기다려 온 시기 파들은 기뻐 어쩔 줄 모르는 쌍수의 환영을 내질렀다. 그때, 한 사람이 기운이 축 쳐져 돌아가는 그녀 앞을 가로 막아섰다. 그러면서 꾸짖는 말을 내기 시작했다.

"만신의 노여움을 달래는 환란초복으로 큰돈을 번 그 능력대로 사람들의 분노는 왜 달래지 못했습니까?"

69/마귀의 함정

마귀도 신처럼 일종에 영물이다. 그 실체는 안 보이나, 여느 신처럼 사람의 몸을 입고 존재를 나타낸다. 인체에 해를 끼치는 나쁜 기운은 빠져나가게 하고, 인체 활력에 좋은 영양분이 될 영기靈氣를 불어넣어 주겠다며 마귀를 줄곧 대적한 사람이 있었다. 그는 그 주제 설교로 많은 사람으로부터 신에 가까운 뜨거운 환대를 받았다.

어느 날 마귀가 그 사람을 함정에 빠트리겠다는 계획을 세우고 그의 생각에 개입했다. 어디를 가나 보통 사람들로부터 깍듯한 180도 인사를 받는 그는, 그날도 붉은 카페를 깐 바닥 위를 위엄 있게 걷는 환영을 누렸다. 최고급 식당 안내를 맡은 사람은, 하늘의 천사처럼 용모가 단정하게 아름다운 젊은 여성이었다. 그의 쌍 형 눈빛에 이성의 꿈을 꾸고 있는 사모의 그리움이 비쳤다. 식사를 마쳤다. 대접을 받은 사람은 젊은 처녀를 따로 불러 은밀한 장소로 데려갔다. 몇 시간 후 그곳에서 나온 처녀의 머리와 옷매무새는 흩어져 있었다.

70/마귀할멈

스물한 살의 아가씨는 눈을 감고 입술을 달싹거렸다. 또한, 그늘 한 점 없는 미소를 떠올렸는데, 그 아름답기가 햇살이 반짝이는 오월 한낮의 신록같이 찬란했다. 마귀할멈이 그 광경을 보고 자신도 남의 온혈부터 서늘하게 얼리는 사악성을 버린다면 미인의 생기를 되찾을 수 있을 거라며 마음을 달랬다. 마귀할멈은 시험 삼아 자신의 얼굴을 거울에 비쳐 보면서 깜짝 놀랐다.

　"이게 누구냐?"

지었다는 웃음에 자연미는 하나도 없고, 지옥의 뜨거운 불 속에서 목이 타는 몸을 이리저리 뒹구는 흉악범 이력의 표상에서나 볼 수 있는 물고기 비늘살이 작은 얼굴을 덕지덕지 뒤덮은 흉상에 소름이 일었다. 실망을 금치 못해진 노파는 당장 망치로 거울을 깨부쉈다.

　"나대로 살지 불가능한 시간을 되돌리려는 남 흉내는 적성에 맞지 않구나."

71/사냥꾼과 동료

사냥꾼은 자신이 사냥한 꿩을 동료 한 사람이 몰래 훔쳐 가고, 제가 잡은 것이라고 끝까지 우기는 그의 태도가 하도 괘씸하여 마침내 결심을 내렸다. 동료는 양을 기르고 있었다. 사냥꾼은 야생 뱀 몇 마리를 풀어 양 떼를 우리 밖으로 달아나게 했다.

이 사실을 안 동료는 큰아들을 불러 사냥꾼의 딸을 납치해 마음대로 우롱하라는 명령을 내렸다. 큰아들이 사냥꾼의 집에 들어가 잠자리에 들기 전 거울을 들여다보는 여자의 방에 침입하여 자루를 씌워 어깨에 둘러메고 나왔다. 여자는 밤나무 밑동에 묶였다. 이 모든 과정을 지켜본 동료 둘째 아들은 아버지는 그 누구도 아끼지 않는 파렴치한 인물이라며 집을 버렸다.

72/사냥꾼

산새는 나뭇가지에다 집을 짓고 산다. 뭍으로 내려오는 횟수는 매우 드물어 산새를 잡으려면, 천생 나무를 타고 올라야 한다. 새 사냥꾼이 나타났다. 사냥꾼은 산새를 생체로 잡을 셈으로, 나무를 타고 마른 풀줄기로 만든 둥근 집에 도착했다. 상두에 눈이 없어 사람은 알아채지 못하였으나, 그 전에 위협을 미리 알아챈 새는, 멀리 달아나 집 방향을 지켜보고 있었다.

"제기랄! 재미가 사라졌군."

73/방울새와 소녀

시도 때도 없이 울어대는 새장 안의 방울새 소리에 더는 참을 수 없게 된 소녀는, 회초리를 들고 방울새를 때려대기 시작했다. 좁은 새장 안에서 소녀의 매를 피한다는 것은 불가능했다. 방울새는 죽어 땅에 묻혔다. 그 무덤 위로 '슬픈 추억'의 꽃말 이름을 안고 있는 할미꽃이 피었다.

어느 날 그 무덤을 찾은 소녀는, 존재 없는 방울새 소리를 듣고 소스라치게 놀랐다. 허리 굽은 할머니 모습이 자신의 환영이었기 때문이다.

74/기린과 수의사

목이 긴 기린이 높은 나뭇가지의 잎을 따먹고 있다. 네 다리 긴 기린이 다른 장소로 옮겨간 후 그 나무는 말라 죽었다. 유난히 나무를 아끼며 사랑하는 수의사는 화가 치밀었다. 그는 기린의 목을 짧게 맞춰주면 나무들을 보존할 수 있겠다 싶어 대수술 준비에 들어갔다. 마취 잠에든 기린이 수술대에 누여졌다. 그 소식을 전해들은 동료의사가 무단침입하여 작업시도를 극구 말렸다.

　"이 사람아, 정해진 운명의 태생이 그러한데 기린에게 무슨 잘못이 있겠나. 창조주에게 따지고 함부로 명을 단축하지 말게나."

75/솔개의 과시

독수리 발톱은 한번 낚아챈 먹이는 절대 놓치지 않는 날카로운 끈기의 힘이 있다. 높은 바위에서 상거가 먼 들판에서 풀을 뜯는 먹잇감을 발견하고 힘차게 날아오른 독수리는, 단숨에 새끼 양 한 마리 등에 두 발톱을 단단히 눌러 박고 그대로 들어 올려 둥지로 가져갔다.

이 광경을 부럽게 목격한 같은 맹금류 과인 솔개는 따라 해보겠다며 공중에서 수직으로 하강하여 어미 양의 몸에 달라붙었다. 그렇지만 지금까지 손쉬운 병아리나 토끼 정도만을 상대로 배를 채워온 매의 힘으로는 그 무게를 감히 들어 올릴 수가 없었다. 도리어 얽히고설킨 양의 무성한 털에 발톱이 뒤엉켜 탈출에 애를 먹어야 했다. 그때, 조류 사냥꾼이 조준을 맞춰둔 총을 발사했다. 솔개의 주제넘은 지나친 과시는 그렇게 종말을 맞았다.

76/고양이

상황을 주시하는 눈치가 변덕하게 조심스러운 한편으로 자립심이 강한 영역의 고양이는, 차량 밑에 숨어서 인기척을 듣는다. 고양이에게는 정리 따위는 필요 없다. 다만, 인기척이 사라지기를 기다릴 뿐이다. 그래야 마음 놓고 먹이 사냥에 나설 수 있기 때문이다.

77/개 먹이가 된 뱀

봄기운이 완연한 삼진(三辰3월3일) 날이 돌아오자, 한겨울을 따뜻한 나라에서 보낸 제비가 작년 그 흙집으로 돌아왔다. 마음 착한 흥부는 제비를 반겨 맞았다. 어느 날, 뱀 한 마리가 제비집을 습격했다. 흥부가 긴 장대를 휘둘렀으나, 그 높은 처마까지는 닿지 않아 뱀을 내리치지를 못하였다. 두 마리 새끼가 희생되었다. 부부 새는 다른 곳으로 이사를 했다. 그 빈집에 새 부부가 들어와 살게 되었다. 그 냄새를 맡은 먼저 그 뱀이 이번에도 입맛을 다시며 접근해 왔다. 이때 두 번의 실수는 없다며 벼른 흥부가 새총을 힘차게 당겼다. 차돌멩이는 그대로 침입자의 대가리를 명중했다. 뱀은 그대로 마당 바닥에 떨어졌다. 흥부가 기르는 개가 잽싸게 달려들어 그 몸통을 갈기갈기 찢었다.

78/뱀의 죽음

산을 오른 선두 등산객이 길을 가로지르는 뱀을 미처 발견하지 못하고 그 몸통을 밟고 말았다. 아픔을 참을 수 없었던 뱀이 사람의 발목을 물어 보복을 가했다. 뒤따르던 일행 모두가 달려들어 뱀을 짓밟은 후 나뭇가지에 매달았다. 축 늘어진 뱀의 사지는 족제비 먹이가 되었다.

79/자기 꾀에 물린 사람

저 잘난 것만 믿고 남을 업신여기는 기질이 강한 그가, 소풍 나온 일행에 눈이 거슬리자 심술궂은 꾀 하나를 고안해 냈다. 풀숲을 두루 둘러보는 그의 눈에 혐오 동물인 뱀이 띄었다. 그는 손쉽게 잡은 뱀을 지나가는 척하면서 한 여성의 뒤편에다 슬쩍 떨구었다. 사람의 체온을 맞게 된 뱀은 감별대로 사람의 등을 타고 오른 어깨 위에서 독을 머금은 붉은 혀를 날름거렸다. 여성이 기척을 느끼고 돌아본 순간, 일행 중 한명이 들고 있는 젓가락으로 뱀의 대가리를 다급하게 내리쳤다. 위험에 직면한 뱀은 재빨리 움직여 풀숲으로 도망치면서, 한 나무 뒤에 숨어 소풍객들의 동태를 살피고 있는 사람의 발목을 물어 그 자리에 주저앉게 해버렸다.

80/개구리들의 의제

해가 늪지를 말리자 개구리들은 삶의 터전을 잃게 될 운명에 처했다. 개구리들은 숲 그늘이 짙어 물이 쉬 마르지 않는 아래편 늪지로 이사 가자는 사안을 주 의제로 테이블에 올렸다. 한 개구리가 "그곳까지의 길목은 멀고 경사가 가파르고 메말라 가다가 지치거나 미끄럼에 넘어지다 목이 말라 죽게 될 겁니다."라는 부정론을 펼쳤다.

다른 개구리가 발언권을 얻었다. "이리 죽으나 저리 죽으나 우리의 적은 땅으로 끌어 내릴 수 없는 해이니, 그 자식인 밤의 달이 잠 이룰 수 없도록 밤새 울어대는 게 어떻겠소."

그 말은 들은 다른 개구리가 "창조 이래 한 번도 정지된 바 없는 자연의 운행이 전면 바뀌지 않는 한 그 주장들은 모독으로 남게 될 거요."

81/시궁창 친구

타고난 내성적인 자라 누구와도 협조 관계를 끊고 자신을 스스로 가둬두고 벽 구멍을 드나드는 쥐와 친구가 된 사람은, 어느 날 친구 따라 바깥 구경을 나왔다. 쥐는 사람 친구를 한 치 앞도 내다보기 힘든 캄캄한 시궁창으로 안내했다. 온갖 썩은 악취로 호흡곤란에 직면한 사람은 시궁창을 탈출했다. 그러면서 집 벽 구멍을 막아 쥐의 출입을 통제했다.

　"저따위 친구를 계속 사귄다면 내 꼴도 저토록 더러운 구석만을 찾아다니겠지…"

82/쥐로 변신 된 사람

어제는 친구였지만 생계가 급해진 그는 친구 곁을 떠났다. 소소한 잔정이 없었던 탓일까? 홀가분했다. 허기로 걸음 여정이 힘들어졌다. 그의 앞에서 살이 통통 찐 쥐 한 마리가 스쳤다. 그는 쥐가 숨어든 땅 구멍을 파헤쳐 그 안의 새끼들까지도 먹어치웠다.

얼마 후 그는 팔목에서 자라고 있는 털 무성을 보았다. 쥐털이었다. 그뿐 아니라 가슴에는 쥐젖이 달려 있었고, 두 손과 두 발도 사람의 다섯 가락이 아닌 쥐 앞뒤 발 네 가락과 똑같은 억센 손톱, 발톱이 돋아 있었다. 단단한 물질도 으스러트릴 수 있는 송곳니를 내민 주둥이 모양도 수염 쥐 골격과 그대로 빼닮았다. 체형이 변신 된 자신에게 비운의 눈물을 흘리고 있을 때, 생쥐 한 마리가 그의 품을 파고들어 젖을 찾았다. 그의 살기 앞에서 유일하게 살아남은 그 생쥐였다.

83/내쫓김 당한 나그네

나그네가 한낮 무더위를 피하려 나무 그늘 속으로 들어가 몸을 누이며 쉬게 되었다. 입새 가지는 무성하나 열매가 없어 당장 허기를 달랠 수 없다는 점에서 아쉬움이 컸다. 나그네는 양식을 제공하지 않는 나무가 원망스러웠다. 저주를 퍼붓고 싶었다. 그러나 신통神統이 없어 마르게 할 수는 없었다.

"다른 나무를 찾아야지"
나그네는 그늘에서 벗어 나왔다. 그렇지만 태양열이 너무 뜨거워 다시 그늘 안으로 들어갔다. 그때 마침 능구렁이 한 마리가 나무에서 내려와 그를 쫓아냈다.

84/날강도와 늑대

누구에게나 길은 하나이다. 두 길을 동시에 거닐 수는 없다. 처음 길은 생소하기 마련이다. 그 낯선 길을 걷다보면 낯선 눈도 점차 환하게 뜨일 것이다. 익숙함에서 벗어나 새로운 자연 숲을 보게 되리.

어떤 날강도가 쫓는 눈들을 피해 산 숲으로 도망치다 성질 사나운 늑대를 만났다. 늑대는 진주를 물고 있었다. 큰돈이 될 만한 진주가 불컥 탐이 난 날강도는, 한눈을 팔고 있는 늑대 몰래 토굴에 침입하여 새끼 한 마리를 안고 나와서 어미 앞에서 어정거렸다. 제 새끼를 단번에 알아본 어미가 잽싸게 덤벼들자, 날강도는 새끼를 즉시 놓아주고 몸을 뒤로 뺐다. 어미는 진주를 내뱉은 그 이빨의 입으로 제 새끼의 뒷덜미를 물고 집으로 들어갔다. 날강도는 습득한 진주를 주머니에 넣었다.

85/사람과 여우

물질이 정신을 부패로 침식시킨다는 환멸로 세속을 등지고 초야에 묻혀 생활하는 그는 영혼의 순결을 인지했다. 그는 자아自我를 더욱 키워 상대성 없는 자신만의 세계를 구축하려는 꿈을 꾸었다. 우월감을 높이며 혼자만의 기개를 자랑했다. 본래의 정신적 영역에서 벗어난 외적 요인은 무의미하다며 정신적 빛을 발하지 못하는 모든 생물을 하찮게 보았다.

육식류 동물 중에서 여우는 꾀가 많은 동물이다. 여우는 장발에 덥수룩 수염이 털처럼 자란 누더기 차림의 사람에게 접근하여 이야기를 나누었다. 여우가 말문을 열었다.

"우리는 인간의 문명을 모릅니다. 한 가지 아는 것은 인간은 무기를 만들어 우리 같이 힘없이 약한 동물들을 잡아 죽여서 피부를 벗겨 자기들의 겨울옷으로 입는다는 야만입니다. 이게 말이 됩니까."

사람이 대답했다.

"물신주의자들은 너희들을 발견하면 제일 먼저 돈의 가치부터 셈하거든. 그에 희생물이 되지 않으려면 문명을 내세운 이면으로 온갖 살생을 저지르는 인간을 멀리하는 게 최선이다."

"고작, 그 이론을 만들어내려 우리 행세를 하는 겁니까. 제발, 사람의 말로 우리를 설복시키려 하지 마시고 사람의 세상으로 돌아가십시오. 숲속 삶은 우리영역의 자유니까요."

86/사막여우

물 한 방울도 얻지 못하는 메마른 사막이라 목은 더욱 마르다. 풀 한 포기 보이지 않는 그 악조건의 환경이 가져다주는 참혹함은 죽음으로 다가가게 하는 종말의 절망뿐이다. 하늘의 기적에 운명을 걸 수밖에 없는 선체로 잠의 위협이 아닐 수 없다. 엎친 데 겹친 격으로 회오리바람이 집어삼킬 듯이 앞길을 방해한다. 결국, 전갈에 물려 쓰러지면서 모래 속에 파묻히고 만다. 사막여우가 나타나 신체 냄새를 맡는다. 그 뒤로 낙타 등에 탄 여행객이 여우를 발견하고 다가와서 물통을 건넨다. 그 연결고리로 한 생명이 살아났다!

87/닭의 생각

날아오르는 높이가 고작 일 미터 안팎인 닭. 그것도 사나운 짐승에 쫓길 시에만 펄쩍 뛰는 닭은, 한 알을 낳을 적마다 홰를 지르며 온 동네를 시끄럽게 한다. 그 닭이 한 나뭇가지에 앉아 해안가 모래벌판을 지켜보며 있다. 한 동물이 각막이 흐린 시야에 잡혔다. 사람들이 육 고기로 삶아먹으러 사육하는 울안의 신세라, 처음 보는 낯선 동물이다.

바다거북은 등 전체가 단단한 딱지로 뒤덮여있다. 거북은 여러 개의 작은 알을 모래 속에다 낳고 뒷발로 묻은 후, 느려 터진 걸음속도를 최대한 높이며 바다를 향해 내달렸다.

　"쟤는 참 이상하다. 왜 산란 소리도 지르지 않고 도망치듯 사라져버리는 거지? 나처럼 한 알만을 산란하고 소리소리 지르며, 너나없이 앞 다투어 낚아챌 터인데."

제4장
연과 연

자녀들에게 위험성이 낮은 편안한 온상 생활을 영위
하게 하는 것은 나약을 부추기는 것이다.

88/성직자의 양심

"여러분들의 영육의 강건함을 축원 드립니다."
설교를 마친 성직자는 강단을 내려왔다. 그는 속이 영 편치 않았다. 자신도 믿어지지 않는 하늘나라 소개가 양심을 찔렀기 때문이다. 애증이 깊은 손길로 어루만져 본 기억이 없을뿐더러, 그 품에서 어린아이 같은 어리광도 부려본 적이 없는 영적 세계 미 체험으로 단지 읽고 배운 성경지식의 혀로 주워 던져주는 짓으로 밥벌이하는 건 세상 사람들과 별반 다를 바 없지 않은가? 언제까지 위선으로 살아야 하는가. 진심이 아니라 나 자신부터 미덥지 않은 걸?
성직자는 그날로 교회를 떠나 목수 일을 선택했다.

89/종교권력자

오랫동안 혜택을 누리고 있으면 그 표준의 자신감은 더욱 굳건해진다. 존재의 근본으로 자리매김하게 된다. 종교의 권력으로 살아가는 사람이 있었다. 그의 대중의 인기 비결은, 비속한 사람들의 향락을 법도의 교정으로 끌어올린 데 있었다. 순진한 사람들은 신의 말씀이요 명령이라면 거의 모두 순복으로 긴다는 점을 악용한 것이었다.

하루는 조물주께서 그림자를 드러내는 피조물 권력자에게 시험을 내렸다. 권력자는 옳고 그름을 가리지 않고 우민愚民의 맹신이 신심이라 우기는 사람을 좌편에 세웠고, 힐끔 눈질로도 다수의 범인보다 이해 논리 판단이 정리正理하게 밝은 철학자를 우편에 배치했다.

권력자는 먼저 좌편 사람에게 목마르니 물을 떠 오라 시켰고, 우편 철학자에게는 공정이 무엇이냐 물었다. 편향을 바로 잡는 게 공정이라고 대답한 철학자를 비웃음으로 외면한 권력자는, 두 손 모아 물그릇을 올린 사람에게 "너는 나의 기쁨이다."라고 칭찬했다.

조물주가 나서서 권력자의 한쪽 팔을 부러트려 장애를 입혔다. 권력자의 거센 항의에 조물주가 응답했다.

  "너의 그 욕설 항변은 뭇 사람들을 발아래에 두고 부리는 너의 향락 춤에 맞추어진 증언이 아니고 뭐야."

90/권력자의 파멸

천하를 다스리는 최정상에 선 정치인이 있었다. 수하들의 깍듯한 굽실굽실 절에 내 위에는 아무도 없다는 교만이 득세 진 그는, 급기야 신神마저 부정하고 국민을 멸시하는 조롱을 드러냈다. 악마가 속삭였다.

　"불만을 끊임없이 쏟아내며 섬김을 버린 국민을 채찍으로 다스려라. 네 기한이 길게 이어지리라."

그는 준법은 가르치나 악랄하기 그지없는 사람을 선택하여 국민의 죄과를 낱낱이 찾아내어 그 벌을 내리라는 가혹한 명령을 발동했다. 피가 뚝뚝 떨어지는 살기의 입김이었다.

편안하게 잠든 사람이 어느 날 강둑에서 변사체로 발견됐다. 어떤 사람은 뒤에서 들이민 차량에 치이며 산책길 바닥에 쓰러지고 말았다. 모두 우연한 사고로 처리되었다.

그는 권좌에 오르기 전에 "나라의 정상은 풀뿌리 건강부터 시작된다. 힘없는 국민 보호는 국세를 받는 위정자의 몫인데, 그 머리 자들은 고관탐욕에 눈이 멀어 관심을 두지 않고 있다. 무능이 아닌가?"라는 비판으로 전 정부를 성토했던 장본인이다.

그렇게 죽은 수많은 사람의 검은 피가 대지를 뒤덮었다. 그 피들이 유령으로 되살아나 경비가 철통 한 왕국담장을 넘나들었다. 그 혼백에 정신이 사나워진 권력자는, 결국 파멸을 맞았다. 그의 시신은 까마귀밥으로 길에 버려졌다.

91/무서운 권력자

자국민들의 목숨 담보로 영토 확장에만 열을 올리는 독재자는, 마침내 미음 속으로라도 자신을 비방하는 것을 처벌하는 법의 준례에 서명을 마쳤다.

전쟁터로부터 아들의 사망통지서를 전달받은 어머니는, 어마무시하게 무서운 최 권력자에게 대드는 것은, 곧 죽음인 줄 알기에 감히 울분을 토해낼 수가 없었다. 가슴은 당장이라도 터질 것 같이 열불이 뜨거웠다. 어머니는, 참다못해 독재자를 낳고 키운 그 어머니의 무덤을 찾아 저주를 퍼부었다.

그날 저녁, 아들의 영정사진이 된 그 앞에 앉아 우는 어머니의 머리채를 낚아챈 무리들이 있었다. 독재자가 눈을 피해 보낸 장정들이었다. 그들은, 어머니를 창살 안 교도소에 마구 내던져 장기 징역을 내렸다.

자나 깨나 틈을 노리는 반 세력들의 살기 위협에, 경비철통한 궁궐 안에 은신해있는 권력자는, 종교지도자를 불러 앉혀 놓고 자신의 위대함을 선포하도록 다독였다.

92/안개처럼 소리 없이

사회는 먼저 된 자의 등에 업히지 않고서는 자립적 성공은 어렵다. 특히, 여론을 중시하는 정치가 그렇다. 정치는 국가 운영이다. 문제는 그 사명감과 무관하게 명예만을 좇는 한량들이 나라 위상을 떨어트린다는 위태이다.

세력결집인 정치는 정당조직에 기반을 두고 있다. 정치를 해보겠다며 기를 쓰고 정당 입당을 마친 그는, 그 순간부터 조직규율에 따라 움직이게 된다. 개인적인 옳고 그름의 판단을 묻고, 나 아닌 조직의 수족이 되어 사다리 타고 높이 오를 눈치를 쉼 없이 굴린다.

나라의 법률을 세우는 정치도 삶 속에서 형성된다. 나와 마주 보고 있는 사물이 삶의 현상이다. 그러나 사명감이 굳세지 못한 사람은, 무리의 뒤꽁무니만을 좇다 그 생질이 잘리면 함께 매몰된다. 나의 삶일 수 없는 일상은 언제든 안개처럼 소리 없이 사라지기 마련이다.

93/정치인의 귀

스스로 꿍꿍이가 대단하다는 자부심을 내걸고 사람들로부터 신임을 얻으려는 신사와 마주 앉은 정치인은, 그만 실소를 금치 못하고 말았다. 거창한 입담에 비해 내용이 허술한 풋내기일 뿐 아니라, 명예나 야망의 꿈조차 찾아볼 수 없이, 그 방향으로 이어진 관심을 앞으로도 둘 것 같지 않는 게으른 타임에 따른 상심이었다.

선출직인 정치인은 유권자의 마음을 동시다발로 살 수 있는 획기적인 정보를 최고의 점수로 받아들인다. 수단과 방법을 다 동원하여 폭로전을 벌이는 현장이 정치판이다. 그 무기로 상대방 후보를 누른 선거가 끝난 후에 청성유수로 신나게 내뱉은 그 거짓말이 덮어지면 다행이겠으나, 여론이 계속 부각 되면 그 해명에 진땀을 뺄 수밖에 없다. 운명을 실현해내는 정치는 한 표로 밀어줄 유권자는 어머니 같은 상전 격이다. 그런데 들을 가치가 없는 빈약한 말 듣기에 시간 낭비를 하고 만 것이었다.

　"뜬소문을 들으려 나선 나부터 바르지 못한 탓일까? 자아 형성이 안 되는군."

94/점쟁이 답변

선거를 앞둔 정치인은 승기에 자신이 서질 않아 불안했다. 그는 명확한 예언을 듣고자 유명한 점쟁이 집을 찾았다. 선거철이 다가오면 점쟁이 집 문턱은 정치인 또는 그 대리인들로 인해 닳아진다. 신분 노출을 꺼렸음에도 그는 경쟁자 하수인과 정면으로 마주쳤다.

여성 점쟁이는 제 앞에 무릎을 꿇은 정치인을 시답지 않다는 영감을 떠올렸다. 나랏일을 하기 에는 인격적으로나 철학적 사고가 한참 부족하다는 신기가 내린 것이었다. 점쟁이는 그렇다고 거짓말을 할 수 없다는 양심을 키웠다.

"명예를 부여받는 것은 개인의 욕망만으로는 씌워지는 것이 아니니 소양을 먼저 채우세요."

95/오만 위에 선 자는

권력층들이 숨겨둔 벽 속의 비리는 두텁게 튼튼하다. 불법 투기, 특권남용, 자녀 특혜 입학 등. 그들의 이런 비리건 들은 국민의 고혈 빠름이다. 그 정신머리부터 썩은 자들이 나라를 쥐락펴락하니 나라의 정의가 바로 세워지지 못한다. 그러면서 억지 미소를 띠며 살기 좋은 사회 만들기를 외친다. 국민을 얕보는 우롱이 아닐 수 없다. 더 큰 문제는, 드러난 그들의 온갖 죄과에 눈을 감거나 응원하는 떼거리 사람들이다.

오랜 세월 동안 세속을 등지고 마음 닦기에 전념을 쏟았던 수도사는, 나라꼴이 엉망진창으로 무너진 것을 보고 무거운 한탄을 쏟아냈다.

"오만 위에 선 자는 새로운 오만의 세계를 꿈꾼다. 악의는 그 독기로 인하여 자신을 파멸로 내던진다."

96/나그네

마음이 움직여지지 않는 것은 위축에 눌려있기 때문이다. 오랜 여행으로 만신이 퍽 지친 나그네는, 나무 그늘에 들어가 누웠다. 목이 몹시 말랐다. 그렇지만 나그네가 아는 샘터는 여기서 한참 멀다. 게다가 그늘 밖 일기는 사지를 태울 정도로 펄펄 뜨겁다. 환경이 이토록 전망 없이 참담 하자, 나그네는 움직여야 살 수 있다는 원기를 내려놓았다.

97/나그네의 꿈

밤하늘을 이불 삼고 냉기 피는 땅바닥을 안방 삼아 잠을 자던 나그네는, 꿈나라에서 휘영청 밝은 둥근 달을 봤다. 이어 지표에서부터 하늘까지 사다리가 길게 뻗어 세워진 것도 보았다. 나그네는 자신의 안식 없는 끝없는 고난 행진을 하늘이 긍휼히 보고 이제야말로 품어 주시려나보다 기뻐하며 사다리를 타고 상공을 오르기 시작했다.

허공 한복판을 가로지른 그 길은 멀고도 멀었다. 숨통이 막힐 정도의 강풍이 사다리를 흔들어대질 않나, 독수리처럼 몸집이 큰 맹금류 날짐승이 머리를 쪼아대기도 하였다. 그 모진 핍박을 이겨내고 마침내 하늘 문에 다다랐다.

한편, 땅에서는 여러 마리 쥐 떼들이 날마다 자라는 이빨을 갈아 맞추려 나무 사다리 밑동을 열심히 갉아 먹고 있었다. 그 밑동이 한 뼘 짧아지면서 세상에서 제일 긴 사다리가 힘없이 쓰러지며 푸른 산림을 뒤덮었다.

98/인간의 행운

병상에 누워있는 환자의 고통은 육신이나 건강한 두 다리로 직립보행을 하는 사람은 마음의 고통이 크다. 성공지향, 대인관계, 빚 문제 등등으로 한시도 편안할 날이 없다. 그 고민거리들을 해소토록 돕는 대상이 세속을 벗고 영적 고지에 오른 기도자이다. 그 생명의 힘은 신탁神託에서 나온다.
청춘 시절부터 서릿발이 되기까지 산중생활을 하면서 신의 음성을 듣고 만났다는 사람이 있었다. 한 속인이 그에게 시험을 걸었다.

"순풍에 돛 단 인간의 행운이 궁금합니다."

"일기를 잘 타면 항운은 안전하나, 눈에 보이지 않는 암초를 발견하지 못한다면 무슨 소용인가. 남몰래 속으로 품은 사악을 조심하라는 뜻이오."

99/비난의 약효

나태는 운신을 좁힌다. 감당 못 하겠다며 주저앉는 의식부터 주워 올린다. 자신에게 진 나약한 모습이다. 이런 사람은 신경이 자극되는 채찍의 말을 들으면 그 분기의 힘으로 누웠던 자리에서 벌떡 일어나 상대방에게 다짜고짜 덤벼든다. 비난의 약효는 이럴 때 나타난다.

100/집사의 지혜

주인은 분을 이길 수가 없었다. 오랜 충성으로 대궐을 관리하는 집사의 위상까지 끌어올려 줬는데, 그 지위를 이용하여 대궐 안 금·은·동을 몰래 빼내 재산을 축내는 괘씸함에 화를 참을 수가 없었다. 주인은 집사에게 짐을 싸 나가라고 야단쳤다. 집사는 깊은 고민에 잠겼다. 밭을 갈아엎자니 나이에 따른 힘에 부칠 터이고, 빌어먹을 장래는 그보다 더 부끄럽다는 처지로의 전락은 백번 천 번 불안하기 짝이 없었다.

한 지혜를 떠올린 그는 사람들을 불러 모았다. 그가 한 사람에게 이 집에 얼마의 빚을 졌느냐 물었다. 빚 독촉을 받게 되었다는 빚쟁이는, 집값 정도의 금전을 빌렸다는 답변을 낮은 음성으로 겨우 새어 냈다. 집사는 그와 맺은 계약서를 내밀고 전액 갚았다는 서명을 어서 남기라 재촉했다. 집사는 그밖에 사람들에게도 빚을 깎아주거나 만기 시일을 연장해 주면서 각자의 어려운 사정을 해소해 줬다.

마침내 주인으로부터 해방된 집사는 직권으로 빚을 탕감해 준 그 집을 맨 처음 찾았다. 대궐에서 빌린 돈으로 목재사업을 크게 키운 사장은 손님으로 반겼던 그를 부사장 직위에 앉혔다.

101/야곱

외삼촌 집에서 양 무리를 치는 야곱이 사랑한 여자는 라헬이었다. 야곱은 그 사랑 때문에 칠 년의 고생을 즐겁게 잊을 수 있었다. 생질의 청을 호쾌하게 받아들인 라반은, 둘째 딸 대신 큰딸 레아를 신방에 들여보냈다. 야곱은 외삼촌의 그 꾀를 아침에 알게 되었다. 라반이 답변을 냈다.

"언니보다 아우를 먼저 주는 것은 우리 지방에선 하지 않는다. 칠 년을 더 채워라."

102/계략에 속은 청년

어느 날 청년은 한 중년남성이 두 여자와 나란히 산책하는 양을 목격하게 되었다. 치마 두른 여자만 보면 사족을 못 쓰는 그는 한 제안을 떠올리고 접근을 했다.

"세 분 사이는 어떻게 됩니까?"

"꽃처럼 아름다운 두 아가씬 나의 여식들이오."

중년의 남자가 자랑스러운 목청으로 이렇게 답변했다.

"따님 한분과 결혼허락을 내려주신다면, 장인 댁에서 밑천 삼아 7년을 봉사하겠습니다."

"때마침 일꾼이 필요했던 참인데, 어느 편 딸을 선택하겠소?"

청년은 이편에 비해 두 살 정도 어려보이는 동생의 손목을 잡았다. 한편, 장인은 사전 계략대로 지지리 못생긴 여종을 딸 대신 소등으로 어두컴컴한 신방에 들여보내 놓고, 그 밖에서 상황을 주시하고 있었다. 청년은 곁에 누운 여자를 안으려다 낯선 숨결에 깜짝 놀라며 전등을 켰다. 서약을 마친 둘째 딸이 아니자, 자리를 박차고 화를 내질렀다.

"여보, 그대는 내가 바란 보물 함 아닌 계략의 몸뚱이에 불과하니, 혹 날아가 버렸으며 좋겠소."

103/진정한 부모

어른들에게는 겪어본 인생 경험이 있다. 그 경험의 바탕에서 자녀들을 훈계하며 장래 문제를 교환하기도 한다. 단언컨대 자녀들은 부모의 소유물이 아니라는 것이다. 부모의 착각은 자녀들에게 불신을 품게 한다. 자녀가 미술공부를 하고 싶다는데 부정사례만을 들며 반대하는 것은 옳지 않다.

자녀들에게 위험성이 낮은 편안한 온상 생활을 영위하게 하는 것은 나약을 부추기는 것이다. 그러나 운명개척 차원에서 도전의 꿈을 키워주는 부모는, 자녀의 강한 체력에 절대적 응원의 박수를 보낸다.

104/자주 넘어지는 아이

아이는 유약하다. 독립체계가 취약하다. 그러므로 아이는 자주 넘어진다. 어른의 의존을 바라는 이유이다. 그러나 언제까지나 엄마의 치마폭을 잡고 어리광을 부리게 해서는 안된다. 아이 적 버릇은 타인의 모방에서 길러진다. 아이도 자신이 저지른 미숙한 잘못은 인지한다. 그 나쁜 행동을 꾸짖고 일깨워주는 가장 적합한 대상은, 양육의 책임을 맡은 부모이다. 거리에서 하는 아이의 말은 곧 그 부모 말이다, 라는 유행어를 상기할 필요가 있다. 부모는 때로는 자녀들에게 냉정한 방관자 위상에 서야 한다. 아이가 자존의 힘을 지녔느냐 여부를 가리는 저울은, 지켜보는 부모와 무관하게 넘어진 자리에서 힘을 넣은 두 손을 딛고 스스로 일어나는가, 그 자리에 그대로 눌러앉아 부모가 손을 내밀어 도와주기를 바라는가에서 판가름 된다.

105/**아내의 한탄**

향락에 푹 빠져 늘 흐리멍덩한 정신으로 살아가는 중년남자는 오늘도 아내의 잔소리를 들으며 침대에 쓰러져 곯아떨어졌다. 피부탄력이 고운 아내는 화가 치밀었다.

"남자에 굶주려 사는 마누라는 거들떠도 보지 않고, 허구한 날 아무 여자들의 몸매만을 탐닉하는 이 버러지 인생. 꽃 장사를 접어 아예 돈줄을 끊어버려?"

106/사기 함정에 빠진 그녀

그녀의 성질은 양처럼 온순하다. 도대체 누구에게든 해를 끼치지 않아 모두가 그녀를 보면 상냥한 미소부터 짓는다. 어느 날 외출에서 돌아오는 그녀에게 동행인이 따라붙었다. 속 깊은 데서 우러난 진심 어린 친애가 아닌 누더기 같은 너절한 싸구려 웃음을 파는 여성이라 한눈에 속임수 쓰는 방심이 엿보였다. 차 대접을 받은 손님은 예의상 몇 마디 나눈 후 용건을 말했다.

  "우리에게 투자하시면 은행이자보다 높은 수익을 드리겠습니다."

그녀는 투자를 약속하고 그 금액의 입금을 마쳤다. 두 달간의 계산은 정확히 들어왔다. 그다음 달은 전달에 훨씬 못 미치는 이자 수가 들어왔다. 낌새가 불길해지기 시작했다. 그녀는 양을 잡아먹는 늑대는 집에 들이지 말았어야 했는데…하며 땅을 치며 울었다.

107/비정상의 생활

비정상의 생활은 잃어버린 데서 비롯된다. 나무꾼이 잡목 밑동을 찍다 도끼날을 물속에 빠트리고 말았다. 하필, 빌린 그 도끼이다. 오늘의 몫을 채울 수 없게 된 나무꾼은, 뛰어든 물속을 헤집고 다녔다. 그러나 좀처럼 찾아낼 수가 없었다. 도끼 값도 물어야 할 판이다.

108/오만

오만이 오만에게 물었다.

"이봐, 오만. 대체 자네는 어느 면이 그토록 특출하기에 늘 뽐내고 다니는가?"

"나로 말할 것 같으면 많은 사람의 생계를 책임지는 돈이 최고의 무기이지."

"애국자이구먼."

"그럼, 자네의 오만은 무엇인가?"

"내 위에 신도 없다는 자유일세."

"장하구먼!"

109/정신혼란

아들이 아버지 몽둥이세례로부터 피신한 장소는 거지들이
사는 움막이었다. 거지들은 고급향수 냄새에 정신이 혼란하
여 잠결에 쉬 들 수 없자 낯선 이방인을 쫓아냈다.

110/**집주인과 손님**

며칠을 지켜본 그의 고분고분 성향에 그는 마음이 놓였다. 인체를 말썽하게 공격하거나 잘난 척 하는 간섭으로 방해를 놓지 않을까, 처음의 우려는 기우에 지나지 않았음을 깨달았다. 보호자 또는 말동무로 곁에 둬도 무방하리라는 판단을 내리게 했다. 관계는 무릇 익어 음식을 나눠먹는 단계까지 발전했다. 어느 날 그는 먼 외출로 집을 비워야 할 일이 생겨 그에게 문단속을 부탁했다.

홀로 남은 그는 주인 행세를 떨며 손님들을 맞고 잔치를 열었다. 시간은 하루하루 다가와 내일이면 의식이 높아지는 주인이 돌아오는 날이다. 그는 차량 한 대를 대기시켜 놓고 사전에 눈여겨둔, 으리으리하게 값비싼 가재도구만을 실어 출발을 내렸다. 여행에서 돌아온 집주인은 난장판으로 어질러진 집안 꼴에 입이 다물어지지 않았다.

"사람을 믿은 죄과 치고 치른 비용지불 너무 가혹하군."

111/부잣집 아이와 가난한 집 아이

부잣집 아이가 가난한 집 안의 아이를 놀려대었다.

"우리 집에 황금빛 털옷을 입은 공작새 있는데, 너희 집
에는 인형 모양의 암탉뿐이지."

"그래, 그것도 동생의 고무 장난감인걸."

"심심해서 어쩌니."

"함께 놀아주는 인형 새는 아니지만, 동생이 하도 쓰다듬
어 주기에 피부에 윤기가 흐르거든."

112/청년과 벼룩

학력 끈이 짧은 청년이 준비해둔 이력서를 취직하려는 회사에 제출했다. 안경을 쓴 면접자가 물었다.

"기계공학이라면 어떤 분야입니까?"

"네, 그건 점프 실력이 뛰어난 벼룩을 잡지 못 하는 자는 큰 적수를 이길 수 없다는 기술입니다."

동문서답에 면접자는 어이가 없다는 한숨을 새어냈다.

"가시오. 우리 회사는 크건 작건 인체를 물어뜯는 해를 머금은 벼룩 따위는 기르지 않습니다."

113/지형지물의 친구

두 친구가 길을 가다 황금덩이를 발견했다. 평소 돈이 곧 인생이다 떠버린 친구는, 먼저 주운 친구에게서 황금덩이를 빼앗다시피 하면서 제 주머니에 쑤셔 넣고, 나중에 보자라는 말을 남기고 허둥지둥 도망치듯이 사라져버렸다.

홀로 남은 친구는 무언가에 홀린 듯 꺼져가는 불빛의 공기만을 연시 흡인한다. 어스름 피부를 파고 드는 차가운 공기는, 방랑기질이 강하여 가만히 내버려두지 않고 이리저리 험담에 쫓기게 한다.

　"황금에 눈이 뒤집혀 친구의 몫까지 강제로 빼앗은 지형지물인 네놈은 친구를 저버렸으니, 더는 우정의 구슬을 꿸 수 없게 됐구나."

114/산주인

산은 밤나무 숲이라 해도 과언이 아닐 정도로 밤나무 수종이 대부분을 차지하고 있다. 추석이 다가 오자, 가시송이를 깨고 알밤들이 우수수 떨어지기 시작했다. 산 주인은 이대로 버려지는 것이 안타까워 먼저 장비를 불러 길을 냈다. 그 다음에는 인부 두 명을 사 알밤을 주워 자루에 담게 했다. 엄청난 양의 수확은 많은 재물을 안겨 준다는 태몽처럼 기쁨을 안겨줬다. 산 주인은 당초 생각대로 밤 열매 전량을 공판장에 보냈다. 통장에 입금된 그 값은 지출 비용의 절반도 되지 않았다. 큰 손해로 화가 치민 산 주인은, 한참을 고민하다 태도를 바꿨다.

이듬해 가을. 산 주인은 동네사람들을 불러 마음껏, 능력껏 밤을 주워가라고 신신 당부를 했다. 금전 손해와 방치로 썩힐 바에야, 차라리 인심이나 쓰자는 선택의 효력은 며칠 뒤부터 나타나기 시작했다. 밤을 팔아 크고 작은 돈을 벌어 가계살림에 보탬이 됐다는 정분인사의 성화에 사람을 남겼다는 기쁨이 그것이다.

115/가짜사랑

발바닥 가시에 걸음을 제대로 걷지 못하게 된 여자는 남자 친구와의 약속을 지킬 수 없게 되자, 전화를 걸어 양해를 구했다.

"그럴 줄 알고 딴 여자를 불렀다."

"뭐? 나쁜 자식. 그런 가짜사랑이 어디 있니?"

116/젊은 여자

젊은 여자가 밤새워 마신 술로 인사불성이 되어 길바닥에 쓰러졌다. 속이 울렁울렁 좋지 않아 구토까지 쏟아냈다. 굶주린 개가 그 토사물을 주워 먹기 시작했다.

"이놈아, 취기로 쓰러져 있다고 설렁설렁한 여자로 보지 마라. 난 행실이 나쁜 여자가 아니라고...알아 들었나. 이 개새끼야!"

117/길거리 인생

여자를 끼고 술을 마신 그는 그 달콤한 향락에 취해 쓰러진 자리에서 일어나지를 못하였다. 가게 문 닫을 시간에 맞추어 남자종업원이 그를 안아 길거리에 누였다.

118/마음 다스리기

성리학자들은 인간의 마음을 성性과 정情으로 나눠봤다. 나름대로 해석을 붙인다면 인격체인 본성 안에 정 즉, 사랑, 애정, 욕망 등의 감정을 지녔다는 의미가 아닐까 싶다.

불교의 선종에서는 사람의 마음은 처음부터 청정하기에 욕망도 쫓아내선 안 된다고 가르친단다. 두 가르침 다 나무는 자신 안에서 나이테를 늘려가듯이, 먼저 자신의 안부터 다스리라는 맥락에 닿는다.

119/도덕심 주체

아직 문자를 새겨 넣지 않은 석판. 기분의 여유를 갖게 하는 유머 따위는 끼어 들 수 없는 차가운 침묵 판. 그는 '예견에 관련된 정체는'에 이어질 다음 문장을 채우려 생각을 골똘히 굴린다. 그러면서 '윤리의 주체는 결국 자아의 도덕심'이라는 말로 끝을 맺었다.

120/**편하게 살자**

한때 대기업을 운영했던 회장은, 부도사태로 쫄딱 망한 민망을 앞세워 산속으로 들어가 움막을 지었다. 세속과 연을 끊겠다는 다짐이었으나, 식생활 문제 해결부터 발품을 팔아야 하는 거리는 예상보다 이만저만 혹독한 게 아니었다. 한때 누렸던 부귀영화의 호화시절이 집단 체면으로 그리워졌다. 심금이 울렸다.

"돈만을 좇고 정작 내가 누구인지 알지 못한 죄과여! 그래, 다 잊고 편하게 살자."

121/편히 쉬게나.

신앙인이므로 제단예배는 드리나, 그 안에서든 밖에서든 이물異物로서 조화를 흩트리는 불협화음의 방해물뿐인 거리행랑 인은 대낮부터 깡 술을 마시고 있었다. 알코올 중독자였다. 그의 체내에서 풍기는 고약한 찌든 냄새는 누구든 코부터 틀어막게 했다. 횡설수설 취기를 이기지 못하게 된 그는 냉기 심한 시멘트 바닥에 누워 잠에 빠져들었다.

마른 몸매의 장발이 의식이 소멸한 낯선 취객을 주의 깊게 들여다본다. 그리고는 한마디 내뱉는다.

"아무것도 지닌 것 없이 생각도 텅 빈 행복한 자여, 편히 쉬게나."

122/배고픈 거지들

배고픈 거지들이 강물에 떠 흐르는 소 한 마리를 발견하고 강변으로 몰려들었다. 그들은 홍수로 급격하게 불어난 물살에 휘말릴 새라 겁은 났으나, 허기 배를 채우려는 욕망에 앞 다퉈 강물로 뛰어들었다. 어떤 이는 갈고리를 손에 들었고, 어떤 이는 굵은 밧줄을 쥐었고, 체구가 작은 걸인은 쇠스랑을 움켜잡았다. 하늘이 내리는 기회인지 때마침 물가에 바싹 붙어 뭍으로 오르려 발버둥치는 소를 볼 수 있었다. 거지들은 일제히 달려들어 그 연장들을 각자 썼다. 갈고리는 목줄에 박혔고, 앞발은 굵은 밧줄에 매였고, 체구 작은 거지는 놓쳤다 건진 쇠스랑의 뾰쪽 끝으로 소의 엉덩이를 찔러 매달렸다. 그러나 필사적으로 날뛰는 소의 저항은 굉장하여 거지들은 하나 같이 물살에 내던져졌다. 거센 물살에 떠 흐르게 된 거지들이 한 목소리를 냈다.

"이이고 힘만 뺐구나."

123/풍부한 지혜

세상을 이기는 방법은 각자마다 다르나, 삶의 지향점은 똑같다. 사고방식이 단순한 만큼 시야가 좁으면서 자신을 띄우는 상상력이 시들해진 사람은, 세상 놀이에만 신경을 쓴다. 보이는 것만이 세상의 전부 인양 그 안위에서 쉽사리 헤어 나오지를 못한다.

위기를 많이 겪어본 사람은 생존본능이 강하다. 그 투철한 정신력으로 정면승부의 도전인 가파른 절벽도 능히 오른다. 중년 나이에 접어든 그는 힘들었던 지난날들에 진이 다 빠졌다. 퍽 지친 그는 심성이 메말라 있음을 깨달았다.

"나는 이런 사람입니다."라고 소개할 수 없이 자신의 정체가 불분명했다. 더는 미련은 없다 내뱉은 그 선언 무색하게 앞으로 맞게 될 시간이 추하도록 두렵게 떨기까지 해야 했었다.

우중충 흐린 기분 전환 책으로 공기가 신선한 자연 숲을 찾았다. 올곧은 꼿꼿한 자세로 한 치도 물러서질 않는 키다리 수목들에서 당당함을 배웠다. 깊이 들이키는 호흡에서는 원시적 생이 피는 풍부한 지혜를 전수받았다.

124/다툼

누구나 그럴싸한 계획을 앞세우고 상대를 대한다. 그렇지만 결과물은 꼭 그와 똑같이 나타나는 것이 아니다. 두 사람이 싸우고 있다. 누가 센지 말다툼을 벌이다, 치고 박는 큰 싸움으로 비화된 것이다. 좀 더 확대한다면, 큰돈이 오가는 시장지배권을 누가 갖느냐 우위 싸움이었다. 누구든 험한 인상에 헤비급 체중을 가진 우편 사람이 상대를 능히 눌러 이길 거라는 예측을 담은 눈빛들로 두 사람의 싸움을 지켜 보았다. 그 예측은 맞지 않고 빗나갔다. 지루하게 긴 싸움이 되어 버렸다. 그때, 한 사람이 사이에 끼어들어 제안을 냈다.

"자, 여긴 두 뿔이 있소. 이 뿔을 머리에 쓰고 저기 저 보이오? 맞소. 앞뒤로 뻥 뚫린 저 콘크리트 배수관 안 구멍을 통과하되 뿔이 벗겨지면 그대로 실격이 되는 거요."
소뿔 모양의 탈을 머리에 각각 쓴 두 사람은, 가위 바위 보로 순위를 가렸다. 보통 체력이나 근육 힘이 약삭빠른 좌편 사람은, 일렬로 이어진 5개 관속을 별 어려움 없이 무사히 통과했다. 그러나 우편 사람은, 좁은 입구부터 기어들어가야 하는 굼뜬 큰 몸집을 이리저리 맞추며 비집는 과정에서 그만 머리 뿔이 벗겨지는 실수를 낳고 말았다. 승자의 오른 팔이 높이 들려지는 양을 지켜볼 수밖에 없게 된 우편 사람은, 부글부글 끓는 속으로 심기불편을 토로했다.

"우람함의 체력이 꾀에 졌구나."

125/아기와 엄마

아기는 잠들어 있다. 엄마가 아기를 안고 나뭇가지에서 들려오는 매미 소리를 들려준다. 아기는 그 노래 멀게 입에 문 엄지손가락을 여전히 빨고 있다. 엄마가 입을 크게 벌려 하품을 한다. 탯줄로 이어진 아가 잠이 전염된 것이다. 의자에 등을 기댄 엄마도 기어이 잠이 들고 만다. 반대로 눈을 번쩍 뜬 아이는 손뼉을 친다. 그 바람에 선잠에서 깬 엄마, 아기와 함께 더위 식히는 목욕을 한다.

126/아기엄마

젊은 엄마는 몸소 낳은 아기가 너무 귀여워 품에서 한시도 떼어놓지를 않았다. 응가도 오줌 싸게도 귀애하게 받아들였다. 직장에서 돌아온 아빠가 아기를 대신 안으려 두 팔을 내밀었다.

　"당신이 밥하면 되잖아."

128/아기아빠

갓난아기의 재롱에 사회적 피로를 싹 씻은 아빠는, 엄마가 젖병에 미리 짜 둔 모유 먹이는 것을 깜빡 잊어버렸다. 아기가 갖고 놀던 장난감 방울을 내던지고 울음을 터트렸다.

"요 녀석 봐라. 직장 나간 엄마 냄새를 배로 맡네."

129/**불빛** 아래 연인

강변 일대 야간은 특색 있는 건물들의 불빛들로 찾는 이들이 많다. 그 한 옥상의 푸른 불빛은 먼 거리에서도 잘 보여 유독 인기가 높다. 그 배경 삼아 추억의 사진을 앞 다퉈 찍는 젊은 연인들의 경쟁은 진정 활력이 아닐 수 없다. 이와는 다른 성격이지만, 개중에는 그 빛을 쬐며 세상이 주지 않는 따뜻한 위로를 얻고 싶어 발을 들이는 이들도 더러 있다. 그 불빛 아래로는 한 선에 길게 이어진 반짝 불빛들이 있는데, 난간 벽임을 소개하는 작은 전등 빛들이다.

사진 몇 컷을 찍은 연인은 푸른 불빛을 등지고 소리 없이 고요히 흐르는 강물을 굽어본다. 연인은 한 몸으로 꼭 붙어 선 저들 앞에 드리어진 그림자를 두고 대화를 나눈다.

"내 몸 가진 자기, 나 안 버릴 거지?"

여자 편의 목청은 애교하게 새침했다. 남자 편은 거의 귀담아 듣지 않는 동작을 얼핏 비췄다.

"왜? 단물 먹인 내가 싫어진 거야?"

"싫어졌다면 이렇게 같이 있을 수 없잖아."

"근데 왜? 난 정말 자기를 사랑한단 말이야."

"알아! 우리 장미꽃집에서 살까?"

"뜬금없긴? 혼동 치네? 왜 하필 장미 집? 장미에게는 가시가 있잖아?"

"물론, 가시에 찔리면 몸에서 피가 나. 한데 말이야, 가시는 현실을 일깨워 주는 역할을 하지. 난, 내 영혼이 잠결에

들려할 적마다, 꼬집든 때리든 해서 정신 차리게 하는 여자
와 결혼할 거야."

"그 뜻은 게으르게 잠만 자려는 나 같은 여자는 소용없다
는 거잖아."

"삶이 뭔지 이해하고 있는 사람은 행복의 보조를 맞출 줄
알거든."

130/내 소원 제발

27세 노처녀가 마침내 남자를 사귀게 되었다. 두 남녀는 여느 연인들처럼 식사·영화관람·교외드라이브 등을 다니며 서로를 알아가는 단계를 밟았다.

'둥근 달을 올려다볼 적마다 외로움을 키웠던 밤이여, 안녕! 난 이제부턴 환상의 꿈 세상이 아닌 사시사철 꽃피는 현실의 마을에서 살게 되리.'

낭만의 해변. 여자는 키스를 기다린다. 그러나 남자는 손도 안 잡아주고 현실과 동떨어진 정치 얘기만을 들려준다. 화가 난 여자는 돌아서서 남자 곁을 떠났다.

"난 혼자 살 팔자인가? 아, 싫다. 할인가로 팔리기 전에 하나님, 제발 내 소원 들어주세요."

131/진실이 아니었구나.

밝은 태양이 안개를 거둬들이고 있다. 시야가 훤히 트였다. 드넓은 들판. 예쁜 색상의 갖가지 꽃잎마다 이슬방울이 얹어져 있다. 순결한 영록-어찌나 맑고 고운지 아름답다, 탄성이 절로 내질러진다.

행복이 절정에 달한 포근한 시간 오래도록 누리고 싶었으나, 추운 겨울로 성큼 들어선 계절은 그 자취 모두 얼어붙게 하였다. 달콤했던 소녀 적 사랑에 이성을 잃었던 지난날들의 푸름의 화려! 진실이 아니었구나.

132/지금의 긴장

가장 아름다운 웃음의 꽃을 피워내야 하는 시기는 지금 이 순간이다. 가장 빛나는 금빛 축복을 받아야 할 오늘이다. 신부대기실에 앉아서 입장 시간을 기다리는 그녀는 행복을 비는 기도 아닌 시든 풀줄기로 들판에 누워있는 자신의 꼴을 보고 있다. 나의 가슴과 영혼은 빛 한 점 들지 않는 어둠에 꼭 갇혀있다. 마법에 붙들린 불길한 공포는, 두려움과 초조를 불러들여 부들부들 떨게 까지 한다. 초긴장으로 간밤을 설친 육신 피로 때문이 아니다. 안색 생기인 사랑의 실종이 원인이다. 이대로 화려한 불빛 아래로 들어서면 난 개인의 여자가 아닌 한 남자의 품에 안기는 아내가 된다. 두렵다. 흰 드레스 입은 채로 어디론 지로 사라지고 싶을 뿐이다.

134/불효의 벌

꿈의 행복은 초혼시절부터 깨졌다. 내 손을 신랑 손아귀에 맡겼던 그때 아버지의 무거운 심각성은 적중했다. 예약 맞춘 신혼여행지로 출발하려 대기 차량에 오르기 전 다시 돌아봤었을 때, 아버지 표정에는 짙은 어둠이 드리우어져 있었다. 어머니의 속 빈 억지 기쁨 속에서도 썩 내키지 않는다는 불쾌감이 서려 있었다. 식구들 간에 무슨 얘기를 나눴기에 두 동생과 이모조차도 밝은 축복의 이면으로 슬픈 기색을 안고 있었다. 나만 내다보는 안목이 없었던 걸까? 아니다. 가정의 행복을 지킬 수만 있다면 어떤 역경도 이겨낼 수 있다는 긍정의 고집이 자초한 불효의 벌이다.

135/소박

서로의 사랑을 믿고 두 몸이 한 몸 되어 출발한 신성한 결혼. 남편은 초례를 치른 직후부터 나를 무시하는 태도를 보였다. 가슴이 아리게 쓰렸다. 부정의 고개를 몇 번이나 저었다. 심연은 혼란스러웠다. 정신은 멍멍했다. 축배 포도주를 사 오겠다며 호텔 방을 나간 남편은, 새날이 밝은 아침까지도 돌아오지 않았다. 첫날부터 외박? 남편은 다음날 체크아웃 시간대에도 모습을 나타내지 않았다. 끝내 혼자서 몇 번 갈아탄 대중교통을 긴 시간 동안 이용하여 신혼집으로 돌아왔다. 육체적으로나 정신적으로나 너무 지쳐 감당이 힘들었다. 침상에 쓰러져 펑펑 울었다.

136/"동의하십니까?"

경제력을 갖췄다는 예비신랑의 결혼 전 인상은 당당했다. 알맞은 체격에 사업적인 인맥이 넓다는 점도 든든함을 감출 수 없게 한 요인이었다. 조급하게 서둘렀던 결혼생활의 결말은 악몽으로 끝났다. 모든 일을 돈으로 메우고 호통 치는 기질은, 아내를 아내로 받아들이지 않는 인권 무시를 넘어 언행 폭력이 일상이기도 했었다. 영혼을 병들게 했다.

"동의하십니까?"

법원 판사의 질문에 그 앞에 나란히 앉은 두 남녀는 동시에 고개를 끄덕였다. 서류용지가 내밀어졌다. 둘은 각자 자필로 제 이름 아래에 법적 서명을 남겼다. 이로써 두 사람은 부부 아닌 남남으로 갈라섰다.

137/여자의 세 부류

달콤한 병은 시집 안 간 처녀들에 곧잘 걸린다. 아름다운 꽃의 귀염만 받고 싶다는, 쉽게 감격에 젖는 여린 소망이 원인이다. 이 자리에서는 작은 불편도 잘못의 고통으로 느끼며 눈질을 흘린다. 그 기질을 이어받은 여인의 명령은 그럴싸하여 삽시에 퍼져나가지만, 경륜을 쌓은 늙은 여인의 소문은 일리도 못 가서 시들시들 꺼져 든다.

138/해답 없는 자문

정신적 충격은 이성판단을 마비시켰다. 독약을 머금게 하였다. 우울증은 오랫동안 나를 괴롭힘으로 지배하며 침윤에 빠트렸다. 사방의 한 밤은 아무것도 보여주질 않았다. 끝없는 공허! 실체 없는 혼돈! 허황하게 떠도는 몽유병자!

그렇다. 나는 반죽음 목숨이나 다를 바 없는 유령이었다. 그속에서 헤어 나온다는 건 약해질 대로 약해진 나의 의지로는 무리였다. 무의미해진 삶은 완전히 무너져 내렸다. 생동감이 완전히 끊긴 나는 나에게 왜 살아야 하는가? 의문을 계속 던져대었다. 해답은 들을 수 없었다.

139/둘째 아들 전남편

전남편은 여자가 진정 받고 싶어 하는 사랑의 선물이 무엇인지를 모르는 사람이었다. 용기는 허풍이고, 눈빛은 흐리고, 귀로 들은 말을 자기로서 정리하지 못 하는 가운데 품행은 가벼웠다. 또 왜 여자를 그토록 밝히는지...

그 원인을 알려면 그의 가족의 내력을 알아볼 필요가 있다. 그는 삼 형제 중 둘째 아들이다. 건축업자인 아버지 밑에서 실무를 보며 차후 대비로 전반적 일을 배우는 중이다. 그의 아버지는 여러 명의 여자와 바람을 피워 아내의 속을 무던히도 썩인 장본인이다. 그 위세 떠는 성질이 장남도 아닌 둘째에게 유전으로 내려진 것이다.

140/엄마는 되고 싶다.

너무 빨랐던 이혼으로 전남편과 정리하지 못한 것은 혼전의 산물인 뱃속의 태아 문제였다. 엄마는 되고 싶다. 그러나 가정파탄의 원흉인 전 남편의 아이라면, 솔직히 절대 낳고 싶지 않다. 아이 중심으로 어떻게든 만남이 이어질 수 있기 때문이다.

문득, 아빠 없는 아이의 입장은 어떨까 생각해 본다. 혼자서 아이를 키우는 주변 몇몇 엄마들의 면모가 좋은 사례이긴 하나, 그 상상만으로는 아무래도 체감이 와 닿지 않는다. 아직 먼 그 미행보다 남편 없는 지금의 나의 처지에서 헤아릴 필요가 있다. 사랑해 주는 남자가 없으면 여자는 결코 밝게 타오르지를 못한다.

141/여자의 통탄

뉘우치면 마음이 홀가분해진다는 말은 거짓이다. 오히려 원한의 부피는 불안정하게 커질 뿐이다. 훤칠한 신장의 빼어난 미남에 반했다는 분량은 반 정도에 불과하다. 그보다 환경을 불문하고, 어떤 어려움이든 슬기롭게 헤쳐 나갈 수 있겠다는 출중한 용기에 감명이 컸다. 그런데 지나고 보니 연예시절의 사내대장부다운 패기와는 사뭇 달리 얼굴부터 몸짓까지도 어린아이 심성을 지닌 소심한 인물이었다. 더 이상 자라지 못 하는 산골짝 줄기 가는 난쟁이나무처럼 심성이 여리며 약했다. 문제는, 난관에 직면하면 몸 둘 바 모르는 당혹감을 앞세워 숨거나 피하기부터 서두르는 비겁성이다. 정말이지 눈감아 줄 수가 없었다.

"눈이 삐었지. 왜 안 좋은 녀석에게 시집을 와서 성질 더러운 냉혹한 여자로 전향했더란 말인가. 통탄의 눈물로도 씻어낼 수 없이 무례해진 여자여! 네 인생이 가엾도록 불쌍하구나."

142/방향을 맞추려면

예정대로라면 지금 이 시각은 포근한 사랑의 은혜에 누워 신혼의 단맛을 즐겨야 할 때이다. 그러나 남편으로부터는 아침 인사 키스는커녕 서늘한 찬 방에서 그 추운 외로운 고통에 따른 허연 입김만을 하염없이 내뿜고 있을 뿐이다. 이 상황을 어떻게 받아들여야 할까? 일어난 모든 잘못에는 그 나름의 이유가 있다. 그 원인은 항상 숨겨져 있어 발굴로 찾아내지 않으면 안 된다. 어디서부터 엉킨 실마리를 풀어야 방향이 맞는 걸까? 누군가는 어둠이 곧 진실 찾기라 한다. 또한, 길만 알면 그 과정은 발이 인도한다. 라는 말을 덧붙여 놓았다.

143/식물을 키워본 적이 있느냐?

태아(낙태)를 지우고 새로운 남자를 사귀어볼까? 남의 아이를 꺼리는 남자들의 특이한 성향에 맞추려면 그 수밖에 달리 방법이 없지 않을까? 나이나 얼굴상으로나 아직 한창 젊은데 뭘...!

문제는 성교 시 늘 아래에 눕는 여자를 얼마나 이해하며 사랑으로 보듬어 주느냐에 닿는다. 여자는 걷잡을 수 없는 호기심으로 먹고 산다 해도 과언이 아니다. 사랑을 받고 싶다는 관념이 우월감으로 높기 때문이다.

사람과 생선은 삼 일이 지나면 냄새를 피우기 시작한다. 나는 순간 나 자신에 적이 놀랐다. 사랑만을 바라는 것은 이기심이다. 라는 생각을 섬뜩 깨우쳤다. 이어, 전남편이 연예시절에 나의 지나친 관심 유도요청에 성질을 부렸던 것을 상기했다.

'그래, 난 나에게 잘해 주면 문제없는 좋은 남편, 또는 문제없는 좋은 사람이라고 해석해 왔다. 솔직히 욕망의 도취였다.'

"너는 네 손으로 식물을 공들여 키워본 적이 있느냐?"라는 자문이 내 안에서 메아리로 별안간 울려 퍼졌다. 대답은 궁색의 혀만을 놀리게 했다.

144/사랑은 책임

난 사랑을 못 배웠다. 받거나 받으려고만 했지 주는 것은 몰랐다. 난 남에게 어떠한 해를 끼치지 않고, 정당한 관계만 잘 유지하면 된다고 생각한 편리 주의자였다. 아이를 애지중지 길러본 부모가, 그 경험을 해보지 않고 강단선포만으로 사랑을 말하는 여느 종교지도자들보다 훨씬 더 인간미 넘친다는 얘기는 일상에서 많이 들어왔다.

사랑을 가꾸자! 그 일을 식물 가꾸는 수고로부터 출발하자. 어려운 말로 유경幽境이라 하는 외딴 길이라 할지라도, 아이를 낳아 혼자라도 키우겠다는 결심을 굳힌 뱃속의 태아에게 쏟아 부어 사랑의 책임을 다 하자. 사랑은 희생의 싹이라 하지 않는가.

145/어머니의 힘

어머니의 힘은 자녀들에게서 나온다. 길에서 넘어져도 자녀들의 얼굴을 떠올리면서 일어나고, 밭농사에 허리가 구부정해도 자녀들의 장래를 걱정한다. 자녀들이 누구에게 맞고 들어오면 대신 나서서 야단치고, 학교입학이 미뤄지거나, 취직에 낙방하면 어미 잘못 만나서, 지은 죄가 커서 자녀가 벌을 받는다며 소금 눈물에 젖은 손바닥으로 땅이 꺼지라 친다.

병석에 누운 아들의 머리맡에 어머니가 앉아 계신다.

"엄만 너 없으며 살아갈 용기 잃는다는 거 잘 알지. 그래, 어서 일어나서 우리 해식식물이 절벽을 푸르게 일구는 바다 구경, 세계여행 다녀오자. 하나님, 제발 우리 아이 데려가지 마세요. 착한 우리 아이가 청운의 꿈을 펼칠 수 있도록 이렇게 비오니 제발 살려 주세요. 아이야, 엄마기도 소리 들었지? 그래, 너는 의지가 하늘만큼이나 높아 반드시 소나무처럼 튼튼하게 자랄 거라 굳게 믿는다."

146/어머니의 약함

어머니가 제일 무서워하는 감정은, 자녀로부터 외면당하는 서글픔이다. 모든 걸 다 바쳐 사랑했기에 자녀가 잘못된 길로 나가면 가슴에 대못을 박고 산다. 어머니는 현명한 이론을 내세우지 않고, 방이 덥지 않니? 춥지 않니? 현실만을 더듬으며 집안을 관리한다. 담장이 무너졌으면 돌을 주워 다시 쌓고, 홍수에 밭이 잠겼으면 쓰러진 곡물들을 바로 세워 식량 걱정을 덜게 한다. 어머니의 저력은 아무도 못 말린다. 그러나 자녀들 앞에서는 한없이 약한 모습을 보인다. 언제까지나 배 아파 낳은 어린 자녀이기 때문이다.

147/어머니의 강함

어머니는 자녀들 앞에서는 눈물을 보이지 않으려 어금니를 악 문다. 어머니는 자녀들을 위해서라면 파도치는 바다를 건너고, 땅을 깊이 파는 수고를 좀처럼 멈추질 않는다. 어머니는 자녀들에 걱정을 끼치지 않으려 흰 거짓말을 곧잘 낸다. 어머니가 턱뼈가 지도록 까지 아귀를 욱 무는 까닭은, 자녀들에 해害를 입지 않게 하려는 고심 때문이다. 어머니의 소박한 아낌은 자녀들을 배불리 먹이려 함이다. 어머니의 낮과 밤을 잃는 착각은 실수가 아니라, 더 나은 방법을 찾아보려는 일종에 복안의 숨김이다. 어머니의 끝없는 고집은 당신의 부각이 아니라, 가족의 안녕이다. 어머니는 자녀들을 가르치지 않고, 이담에 장가나 시집가면 이해하게 될 거라 말한다. 어머니의 그 강함의 밑받침은 굳은 심성이다.

148/필요로 하는 집으로

오랫동안 인적의 손길에서 숨겨져 온 마룻바닥은, 이미 썩은 매캐한 냄새 속에 곧 무너져 내리고 말 듯이 위태로웠다. 천장과 벽면을 온통 가린 얽히고설킨 거미줄에 체중이 누르는 삐걱은 발빠지겠다는 불안을 일으켰다. 겹겹의 물기자욱이 선명한 어떤 판자는 흰 곰팡이 꽃을 피우고 있기도 하였다.

얼마나 돈 많은 재벌이기에-집 세 채 정도는 능히 지어 올릴 수 있는 그 면적 넓이의 다락방 안에는, 높이 쌓인 값비싼 가구들 위로 세월의 나이테를 느끼게 하는 묵은 먼지가 층층이 얹어져 있었다. 실로 오랜만에 바깥 공기를 맡게 된 그 가구들이 육중한 목소리로 아우성을 질렀다.

"아직도 충분히 쓸 만한 우리를 이렇게 캄캄한 어둠 속에 가둬두는 천대는 자원 낭비이다. 우리를 필요로 하는 다른 집으로 보내 주던지..."

149/학원 강사

관심은 관찰로 바라보게 한다. 관찰은 사유의 힘이다. 수업 생들은 학원 선생님의 지적이 못한다는 꾸지람일 뿐이자, 그 식상 감에 의욕을 잃고 말았다.

수업 생들이 날로 성장은커녕 사기가 뚝 처져있는 모양새를 발견한 학원장이 그 원인을 파악하고 강사를 불러 쓰다듬는 인문 성 칭찬은 시든 나무라도 생성케 한다는 말로 개선을 환기했다. 강사는 못 따라오는 느림을 꾸짖지 않으면 도리어 할 수 없다는 자의적 무능함에 빠져든다는 배수진을 굽히지 않았다. 수업 생들의 수가 날로 줄어드는 불길 감에 원장은 강사에게 사직을 종용했다.

150/심원의 빛

사람들은 그의 얼굴은 너무 귀엽게 섬세하여 혹독한 운명을 이겨내지 못할 거라고 입을 모았다. 다진 목표달성은 억지 부리는 모래 환상에 불과하다는 말도 덧붙이며 고개를 절레절레 흔들었다. 그는 그 말들을 채찍으로 삼고 이를 악물었다.

그는 먼저 체력의 내성을 다졌다. 세속에 물든 옛 모습을 바꾸려 끊임없이 거짓·탐욕 등의 죄질들을 털어냈다. 남들이 한 번도 접근하지 않은 이역異域만리 태곳적 원시림 보존상태가 그대로인 미로의 행로는, 예상보다 숱한 고난을 겪게 했다. 변화무쌍한 기후 속에 가시나무에 살갗이 찢기고, 물린 벌레 독에 몸이 붓는 열 높은 병세를 수일 동안 끙끙 앓기도 했었다. 간담이 서늘해지는 우환憂患의 경계를 넘나드는 위기도 여러 번 치렀다. 그 고난의 회복 빛이 서서히 마음을 환하게 밝혀 주기 시작했다. 마침내 새로운 광명이 심원에 비춰들기 시작한 것이었다.

151/너무 고민하지 말고

눈앞에 펼쳐질 미로 세상을 이제부터 어떻게 헤쳐 나가게 되는지 도무지 감을 잡지 못하는 열아홉 풋내기가 있었다. 사람들은 수송아지 같은 그 애송이에게 자신들이 겪고 체험한 사례를 들어가며 조언을 아끼지 않았다. 지혜 높은 고견 한량없이 감사하나 영 달갑지 않았다. 여전히 갈피를 못 잡은 애송이는, 먼 친척 중 한 명이 병원에 입원해 있다는 소식을 듣고 문병을 하였다. 자신처럼 세상을 힘차게 살아가야 할 젊은 나이에 병석에 누워있는 그의 깡마른 전체 모습은 앙상했다. 서리 맞고 메마른 풀잎처럼 생기도 말라 있었다. 가슴이 아렸다. 문안자의 말귀를 겨우 알아들은 환자가 평범한 답변을 냈다.

"너무 고민하지 말고, 첫째 편견을 버릴 것, 둘째 가식으로 자신을 꾸미지 말 것, 셋째 사명을 가질 것."

152/거짓은 빛이 아니다.

도대체 얼마나 많은 세월 동안 거짓 행위와 함께 살아온 걸까? 도대체 그놈의 거짓말들은 무슨 생명을 빨아먹었기에 진실보다 영역 범위가 더 넓은 걸까? 그 전염병은 곰팡이 번지는 속도보다 훨씬 빠르니 따라잡을 수 없다.

속이 넘어올 것 같다. 넙데데한 엉덩이를 흔들며 알량한 사치를 부리는 것이 거짓이다. 동료에게 피해 끼치는 게 무서워 살짝 덮은 흰 거짓말에도 진땀을 흘리는 정직한 자는, 그 신실함 때문에 바보 취급의 멸시를 받는 세상. 바른 소리를 내는 현자들은 모두 죽은 걸까? 아님, 대다수 사람이 물질부패에 절어 사리 분별을 잃은 걸까? 거짓이 빛이라며 선동자를 좇는 수많은 무리. 그런데도 사회는 평화롭게 돌아가며 있다.

153/上壽

인생 백 년을 기한으로 상수上壽라고 한다. 그 수명을 온전히 누릴 수 있는 사람이 과연 몇 명이나 될까, 의문은 수필가들의 오랜 소재의 관념이었다. 어떤 수필가가 인생들의 삶의 면면을 살피려 새벽 인력시장에 나갔다. 작업복 넣은 두툼한 가방을 저마다 어깨에 짊어진 일용직 근로자들은 일당벌이 기회를 놓치지 않으려 승합차 앞으로 대거 몰려들었다. 그들 중에 넥타이 맨 정장 차림의 사람이 있었는데, 구인자는 인상을 찌푸리며 그를 밀어내고 구질구질 복장으로 일할 준비를 갖춘 네 명을 뽑아 차에 태웠다.

154/위엄

경박하지 않고 속정이 깊은 사람이 있었다. 그의 꿈은 곤궁에 갇혀있을지라도 자존의 결기를 굽히지 않고, 위선으로 아부 떨지 않고, 항상 누구에게나 신실한 면을 잃지 않는 인물을 만나 그와 삶의 중심축 이야기를 나누면서 견문을 넓혀 보자는 것이었다. 그러나 욕망의 산물인 명예와 부만 좇는 오늘날의 세태에서는, 그런 참신한 인물은 눈을 씻고 찾아봐도 발견이 쉽지 않다.

그는 자세를 돌려 이번엔 산을 바라본다. 가장 높은 봉우리는 산의 골격이라 하는 높직한 바위였다. 첫인상에서 급급함에 떨지 않는 한가로운 모계를 느낄 수 있었다. 태곳적 그 자리를 여전히 지키며, 산화의 가루가 되기 전까지는 궤도를 벗어나는 일은 한 치도 없을 것이라는 올곧은 위엄도 돋보였다. 나답게 사는 정형이 아닐 수 없다.

나답게 사는 일은 그리 어렵지 않다. 외세의 영향을 덜 받으며, 사람을 불필요하게 만나지 않으면서 말을 적게 낸다면 마음은 절로 평안해진다.

155/어떻게 알려줘야 할지

문밖에서 들려오는 꼬마의 목소리에는 자신의 미숙한 머리 계산으로는 뭔지는 모르겠으나, 풀리지 않는다는 불만의 심통이 들어 있었다. 문을 열고 내다보니 목 단추를 풀지 않은 상의 옷을 거꾸로 머리에 욱여넣으려 하고 있다. 옷깃 단추를 풀고 작은 몸에 입힌 다음 매무새를 잡아줬다.

동생을 굽어보는 누나의 눈빛은 뭉글뭉글 불안스럽게 흔들렸다. 아까 참에 집 밖을 잠깐 외출했다, 자신의 폐를 벅차게 채웠던 공기가 다시 빠져나갈 정도로, 시간이 멈추는 끔찍한 광경을 목격한 그것이 신경을 괴롭힌 것이었다. 예민한 감수성에 따른 잘못 본 허상이길 바라나, 분명 두 눈으로 보고 들은 현실이다. 응석받이 동생의 놀이 친구인 이 개월 차 암컷 강아지가 목줄 풀린 동네 사나운 어미 개에게 물려 죽은 것이었다. 이 소식을 듣게 되면 동생은 토할 때까지 울고불고 야단을 지를 것이 뻔하다.

　"어떻게 알려줘야 할지..."

156/녀석 큰 인물이 되겠구나.

기회는 항상 있다고 믿는 의인이 있었다. 게으르고 나태한 성향 자인 그는, 오늘 아니면 내일 하지 뭐 하며 매번 오늘 할 일을 내일로 미루곤 하였다. 아내의 병환이 중해졌다. 그는 방문한 의사에게 아내의 병세를 맡겼을 뿐, 자기로서는 뒷짐 지는 무관심을 보였다. 방해물에 지나지 않는다는 변명으로 일관했다. 의사가 명의였는지 병세가 호전된 아내는, 사흘 만에 병석에서 일어나 예전처럼 집안을 부지런히 살폈다.

바깥에서 왁자지껄 노는 한 아이가 나는 새를 때려잡겠다며 창공을 향해 던진 돌멩이가 하필 그 집의 장독을 깨트리고 말았다. 아이는 겁을 잔뜩 집어먹고 야단을 맞겠다는 머리 숙인 자세로 그의 앞을 떠나지 않았다.

"녀석, 큰 인물이 되겠구나."

157/때를 기다리는 희망

포도송이 시기가 아니다. 그렇지만 그는 한시바삐 포도가 먹고 싶어 그 나무 아래에서 기다리기로 작심했다.

"너 거기서 뭐하니?"
한 동네 동배가 길을 지나며 물었다.

"응, 포도가 익기를 기다리고 있어."

"기후가 알아서 여물 게 할 터인데, 왜 귀한 시간 허비하는 거니."

"남보다 앞서려면 이까짓 노숙고생은 감수해야 하지 않을까."

"희망을 걸어둔 의지는 기특하나, 가상에 지나지 않는 그 추상은 헛열매거든."

"보라고, 어제보다 알알이 더 컸어!"

"너는 왜 희망에 속고 있는 줄 깨닫지 못하는 거니."

"속고 있는 거라고...? 나는 현실에 눈떠있는 걸... 자 봐. 잎 아래 청개구리도 나처럼 포도송이가 익기를 고대하며 있지 않니."

"체, 차라리 네 마음대로 계절을 만들어 익혀 먹지 그러니."
동배는 빈정거렸다.

"꿈의 희망은 배를 채워주지 않는다고. 알아 들었나. 맹추야!"

158/두 아이와 포도밭 주인

철조망을 넘어 포도밭에 들어간 올망졸망 두 아이는, "이놈 들!" 하는 천둥 목청에 그만 질겁하며 손아귀에 든 포도송 이를 놓치고 말았다. 밀짚모자로 해를 가린 포도밭 주인의 구릿빛 인상은 우락부락 사납게 생겨 먹었다. 포도밭 주인 이 두 아이의 귀를 한쪽씩 나눠 비틀어 잡고 어디론 지로 데려갔다.

"나쁜 짓 했으니 벌 받아야지."

"잘못했어요. 다시는 안 그럴게요." 도착한 곳은 원두막이 었다. 포도밭 주인은 두 아이를 앉혔다.

"공짜는 없다. 포도 값을 낸다면 이 포도는 너희들 몫이 된다."

"저희 돈 없어요."

"그래, 그럼 도둑놈 전과가 붙는 걸..."

"제발, 아저씨 용서해 주세요."

두 아이는 두 손을 싹싹 빌었다.

"가자!"

"어디요...?"

"경찰서!"

"아저씨, 포도 값 얼마예요?"

"돈 없다 하지 않았니."

"네, 없어요. 그렇지만 아저씨 일 돕는 것으로 계산할게 요."

"도둑놈 전과가 붙는 건 싫은 모양이구나."

두 아이는 앞뒤 퍼즐을 맞춰보는 셈을 재빨리 굴렸다.

"저희도 그쯤은 알고 있거든요."

"좋다. 지금이 열두 시이니 해 질 녘인 여섯 시 반까지 해야 한다."

"네에...!? 포도 값이 그렇게 비싸요."

"두 시간은 포도 값, 두 시간은 울타리 넘은 불법 죗값, 나머지 시간은 반성 값으로 쳐주겠다."

159/소년

아직 잠에서 덜 깬 소년은 천문학자 꿈을 품고 있었다. 인류의 손길이 닿지 않는 머나먼 우주 공간을 마음껏 날고 싶었다. 늦은 여름밤 하늘은 아름다웠다. 소년은 낯익은 북두칠성 자리 확인 후 오늘 책에서 배운 토성별을 찾아 헤맸다. 토성은, 태양계 태양을 기점으로 여섯 번째에 있는 행성이다. 목성 다음으로 큰 행성이다. 토성에는 나선으로 요동치고 물결치는 고리가 있다. 지금까지 밝혀진 지식은, 토성 고리는 물보다 유기물이 더 많다는 것이다. 소년은 그 신비가 더욱 궁금하여 몸이 달았다. 그 문제를 풀어보겠다며 뒤로 바싹 젖힌 머리를 좀처럼 낮추지를 못하였다. 그러다 그만 구덩이에 풍덩 빠져 무릎 상처를 입었다.

160/소년과 잉어

장난기가 심한 소년은 놀이 감을 찾아보겠다며 개울까지 나왔다. 비늘몸집이 통통하게 큰 잉어가 유속이 느린 수면 위로 주둥이를 내밀어 소년에게 인사를 건넸다.

"안녕, 소년아."

"응, 그래. 너도 잘 지내지?"

"재미가 찢어지게 좋단다."

"얼마나 재미 길래. 나도 끼어줄 수 있니?"

"물속으로 들어와. 그럼 함께 놀 수 있을 거야."

"나 발 적시기 싫은데, 네가 뭍으로 올라오면 안 되겠니?"

"거긴 내 영역이 아니거든."

"좋은 방법이 있다. 내가 바가지를 내릴 터이니 그걸 타고 올라오면 되겠구나."

소년은 바가지를 잉어 편으로 던지고 과정을 지켜본다. 덩치에 비해 행동이 민첩한 잉어가 바가지에 몸을 껑충 실었다.

"자, 준비됐어. 어서 끌어올려!"

소년은 줄을 당겨 바가지를 뭍으로 건져 올렸다. 집으로 돌아온 소년은 잉어를 어항에 넣고 말했다.

"너와 친구 될 수 있는 방법은 이뿐이구나."

161/돼지새끼와 소년

소년은 해가 중천에 다다라가는 시각에, 잠자리채를 들고 푸성귀 따위의 온갖 들풀로 뒤덮인 샛길을 걷는다. 이슬이 아직 덜 말라 맨발이 축축하게 젖었다. 그때, 아이 눈이 번뜩 뜨였다. 풀숲 속에서 꿈틀거리는 생물체를 본 것이었다. 벌거숭이 피부에 눈을 채 뜨지 않고 배꼽탯줄을 그대로 달고 있는 몸집 작은 동물이었다. 아이는 처음엔 둔지 아래로 내려오다 몸통이 뒤집히며 떼굴떼굴 구르는 생명체를 쥐로 봤다. 그러나 생김새로 미뤄 쥐는 분명 아니었다. 갓 출생한 돼지 새끼였다. 코 모양새로 쉽사리 구분할 수 있었다. 한달음에 건너뛸 수 있는 폭 좁은 실개천을 뒤로 둔 돼지축사가 이를 더욱 뒷받침했다. 소스라치게 놀란 아이는 되돌아 한길로 뛰쳐나가면서 "돼지 새끼다. 돼지 새끼다" 소리를 목청껏 내질렀다.

난데없는 난리에 한길로 쏟아져 나온 동네 사람들, 서로 간에 웬일이냐며 물었다. 한편, 소년의 높은 외침에 깜짝 놀란 돼지는 그 흥분으로 막 출산시킨 제 새끼들을 닥치는 대로 마구 물어 죽였다. 새끼들의 비명이 하늘과 땅을 갈랐다. 그 전에 축사를 용케 빠져나온 그 새끼만이 유일한 생존자였다.

양돈장은 분을 참을 수 없었다. 당장 놈의 목을 비틀고 말겠다는 살기 기세로 벌떡 일어났다. 아내가 즉시 남편의 발목을 부여잡았다.

"철부지 아홉 살 아이가 뭘 알겠어요. 나중에 그 집에서 얼마의 변상을 받기로 하고 아이는 내버려 둡시다."

162/아이의 반항

착한 사람들은 많아도 나눔은 기쁨이 세 배라는 선행을 배웠음에도 불구하고, 행실이 바르지 못한 사람들로 법칙이 무너진 사회범죄가 끊이지 않자, 부부는 팔을 걷어붙이고 행동에 돌입했다. 피붙이만은 품행이 올바른 사람으로 키우겠다며 아들을 철장 두른 방 안에 가두고 자물쇠를 채웠다. 그 좁은 안에 꼼짝없이 갇힌 아들은, 나날이 수척해져 갔다. 웃음을 잃은 지 오래인 기분 상태는, 늑대새끼 모양 앙칼지게 거칠어졌다. 물어대며 할퀴는 몸태질 발광은 자해에 가깝고, 밥그릇 따위를 마구 거둬 차거나 내던지는 행패는 미치광이 이상이었다. 그런데도 부부는 인격 도모와 인간의 덕성을 키우는 지혜 과녁에만 오로지 맞추라며 며칠에 한 번씩 고전 책 따위를 밀어 넣었다.

더는 자신을 주체하지 못하게 된 아이는, 어느 날 마구잡이로 이리 비틀고 저리 뜯어낸 창살 사이로 탈출하는 데 성공했다. 아이는 길가에 세워진 누군가의 자전거를 무작정 훔쳐 타고 달리다, 보도 턱에 걸려 넘어지면서 지나는 행인을 치고 말았다.

　"이 못된 자식, 네 부모가 누구냐?"

163/총각과 소녀

소녀는 1년 간 보아온 앞 방문을 처음으로 열고 안을 들여다본다. 주인 없는 총각오빠 하숙방 벽면은 온통 책들로 가려져 있었다. 큰 책 작은 책들이 세 개의 책장마다에 빡빡하게 들어차 있었다. 발동된 각별한 호기심으로 총각 냄새만이 가득 배인 안을 살펴본다. 단출한 방은 정돈이 안 되어있어 좀 지저분했다. 책배가 밖으로 삐쭉 나온 한 권의 책을 발견하고 바로 꽂는 수고를 한다. 소녀는 학생오빠의 박식에 새삼 놀라면서 자신의 멍청함을 탓한다. 창피한 두려움에 떠는 붉으락푸르락 안색으로 책상 위 종이에 시선을 모은다. 쓰다만 편지지였다. 미완성의 짧은 글귀 내용은 이렇다.

'주인집 딸 계집은 특히 양 볼 보조개가 예쁘다. 그 볼에 키스를 해 봤으며...'
소녀는 전류를 탄 작은 체구를 파르르 떨며 몸 둘 바를 몰라 한다. 그런 적은 실제 없는데, 키스를 도둑맞았다는 흥분에 가슴이 울렁울렁 뛰었다. 눈물이 글썽거렸다. 그다음에는 포근함이 안듯이 감싸왔다. 성질은 상냥해졌다. 모두가 공상적인 꿈이다. 그렇지만 너무너무 행복해서 머릿속에 떠오르는 대로 떠들고 싶다.

"아, 애처로운 달콤한 이 맛! 나를 깨워 어른으로 자라게 한다."

164/남자

남자는 성별로 여자의 상대인 남성이다. 남자는 힘을 쓰는 사내이다. 그 남男은 상형문자로 밭 전田자 밑에 힘 력力자가 떠받치고 있다.

한 집안의 가장은 남편이다. 부득이한 사정으로 손 고운 아내가 그 역할의 짐을 짊어진 집안도 있을 터이고, 양친이 안 계셔 나이 어린 소년-소녀가 코흘리개 동생들을 가장으로 돌봐야 하는 집안도 있을 터이다. 아무튼, 남편은 그 집안의 중심축 머리이다.

남편의 장기 부재로 집안 가세가 기우는 경우를 주변에서 자주 목격하게 된다. 남편은 한 아내의 남편이기에 앞서 남자이다. 남자의 의젓한 몸가짐은 지갑에서 나온다. 그 자존심을 든든하게 지키려 소득원이 되는 일에 매달린다. 그 과정에서 때로는 패배의 굴욕에 울기도 하고, 그 성과에 함빡 대소를 터트리기도 한다.

　'우리에게도 좋은 날은 오긴 오는구나!'

165/청년

집안 대대로 학문을 닦아 그 뿌리 본보기가 남다르게 어질
하게 고운 그 후손의 청년은, 신중하면서 단정하며 정성한
생활이 체질화된 모범 자였다. 어느 날, 불성실의 행실대로
제멋대로 꺼덕거리며 길거리 먼지를 일으키는 불량자가 그
청년에게 "세상이 너를 받아들이지 않고 멀리하는 까닭은
지나친 조심성 때문이다."라고 지적했다. 그 말을 듣고 청년
은 외로움에 떨었다. 청년은 그날로 책을 내던지고 거리 사
람들처럼 방정 떠는 상스러운 말을 내뱉으며 변신을 꾀했
다. 그 가벼운 오락거리 재미는 삼 일을 가지 못했다. 마구
떠드는 사람들의 절제 잃은 이기적인 탐욕과 돈에 아부하는
꼴에 식상 감이든 것이었다.

166/삶과 죽음 사이

삶에서 죽음. 죽음에서 삶. 숯불에 구워지며 기름 줄기 흘리는 통닭. 하늘로 피어오르는 연기. 그 냄새를 따라온 개, 입맛을 다시며 접근한다. 몽둥이든 손으로 침을 흘리는 개를 쫓아내는 야영객. 그 사나운 행동에서 남에게 빼앗기지 않겠다는 삶이 읽힌다.

"앉아!"

고기를 굽는 야영객의 말이다.

"싫어!"

서 있는 일행은 버틴다.

"앉아, 불안하니."

"뭐가 불안한 건데...?"

"게임이 없어서..."

"무슨 게임을 하고 싶은 건데...?"

"먹는 게임."

"배 터질 게임을 하자는 거니?"

"그래!"

"팔자도 좋다."

"먹지 않으면 죽는 게 모든 생명이니까."

167/막힌 지각

그는 동반자로 만난 상대방을 약한 고리에 지나지 않는다며 낮춰 본 것을 유기체로 자성했다. 허약해 보이지 않고, 강철처럼 속이 꽉 찬 차가운 눈빛에서 그 점을 충분히 감지해 낼 수 있었다. 그렇지만 친구 사이로서는 이상하게 고개가 절레절레 흔들어진다.

"어서 도망쳐요!"

"왜 그래야 하지요?"

젊은 여자가 물었다.

"우리 둘은 지금 매우 위협적 공격을 받고 있어요. 우리를 노리고 있는 악령이 있다는 뜻이에요."

"어머, 무서워라. 그 악령이 누군데요."

"나중에 차츰 알게 될 터이니, 우선 빨리 여기서 피하자니까요." 그녀는 태연하게 누르께한 안색을 지어 보였다. "제게는 그런 직감이 안 느껴져요."

"그 사정은 이해하지만 머뭇거리지 말고, 제발 내 말을 들어요."

운명의 시간이 밀어닥쳤다. 그 직전에 재빨리 자리를 피한 그는 살아남았지만, 동반자가 내민 손을 끝까지 거둬 찬 여자는, 흉계 마귀에 잡혀 어딘지로 끌려갔다. 누구를 살인적으로 미워하는 감정이 깨닫는 지각의 통로를 막은 것이었다.

168/창끝 공포

질책도 믿음도 아닌 상사의 모호한 침묵에 그는 그만 화가
치밀었다. 그 불안 속에서 '나는 포로의 종이 아니다.'라는
소리가 거세게 맴돌았다. 나는 상상력이 부족하여 운명을
역전시킬 창의력 힘이 약함을 시인한다. 그렇지만 위협을
압력 하는 창끝 공포는 심장을 멈추게 할 뿐이다.

169/관습의 반대자

잠자는 마음의 꿈같은 것은 믿지 말아야 한다. 미망迷妄한 자는 무모하게 덤빈다.

사회관습은 자신과는 맞지 않는다며 역풍을 보내 함선을 억류시켜보겠다는 호언장담으로 사는 사람이 있었다. 고난을 겪는 자에게 지혜의 영을 내리신다는 정의의 신에게 올리는 기도를 마친 그는, 자기 방식대로 만든 자字와 보편적으로 쓰이는 규격 자를 각각 챙겨 들고, 사물들의 길이를 재는 시험에 착수했다. 규격 자는 눈금 측測이 일정하게 맞았으나, 임의로 줄였다 늘렸다 조절하는 자신의 눈금자 간격은 공식에 잘 맞지 않자 기술을 좀 더 보완하여 마침내 완성했다. 규격 자로 먼저 재본 개의 귀 길이는 10센티미터였으나, 임의 자로는 8센티미터를 가리켰다. 그는 치수가 틀렸다며 공식 자를 거둬 차버리고 임의 자만을 인정했다.

170/모기와 사람

제 목숨을 노리는 약품 용기 표면에 몸집 작은 모기가 붙어있다. 아무런 위협의 감지가 없자, 모기는 제 몸을 쓰다듬는 여유를 부린다. 때로는 방 벽면을 자유롭게 옮겨 다니면서 다음 기회를 기다린다.

늦은 밤. 방 어딘가에 자취를 숨기고 있을 모기의 잠잠에 사람은, 약을 뿌리지 않고 잠자리에 들었다. 그 사람이 선잠이 들 찰나에 별안간 제 뺨을 철썩 때렸다. 잡힌 게 아무것도 없이 잠만 달아났다. 다시 들이닥칠 채비를 갖추는 윙윙 소리만이 귓전에서 가볍게 들릴 뿐이다.

사람은 값없이 뽑힐 혈血이 결국에는 해충들의 번식을 돕는다는 상식을 다시금 떠올리고 맞싸움에 나섰다. 밝은 전등에 비친 모기는 여러 마리다. 그중 눈앞에서 신나게 얼쩡거리는 한 마리가 삽시에 사람 손아귀에 잡히면서 존재가 사라졌다. 한 점 티의 검은 물체를 굽어보며 사람이 한마디 내뱉는다.

"수명이 짧은 네 놈의 따끔한 유산은 인체 전체를 놀라게 하는 약이구나."

171/파리채에 맞은 아내

제 종족의 번식을 위해 안간힘을 쓰는 암컷 모기는 피 냄새만을 좇았다. 모기 극성에 도무지 잠을 이룰 수 없었던 남편은 벌떡 일어나 파리채를 들었다.

"내 이놈을..."

그의 손에서 파리채가 휘둘렀다. 그러나 약삭빠른 모기는 어디론 지로 숨어버렸고, 정작 파리채에 세게 맞은 상대는 아내였다.

"아야!"

맞은 자리의 뺨을 매만지며 아내가 비명을 질렀다.

"저녁을 잘 먹였더니 그 힘으로 나를 때려! 알았어. 내일 아침부터 시래기 반찬만 차려줄게."

172/신성의 이유

주위를 날아다니는 청아한 목청의 새는, 사람들의 시선을 끌어 모았다. 조류학자는 사람들의 영혼을 편안케 하는 새의 그 신비를 캐려 여러모로 생각을 굴리며 연구했다.

연약한 새들도 다른 생명체들을 먹이사슬로 삼는다. 공경성이 아니면, 생명보존은 불가능하기 때문이다. 생질의 기본 방향이 사람들과 별반 다르지 않은데 아름답게 반긴다?

해답을 찾은 조류학자는 무릎을 쳤다. 일상을 함께 보내지 않고 어쩌다 가끔 볼뿐인 생물은 신성하기 마련이다.

173/예술은 옥에서 나온다.

거짓 이야기를 소설형식을 빌어 세상과 소통하는 소설가는 외골수다. 그가 가당치 않다며 거리를 두고 지내는 대상은, 잘난 명함을 들고 여기저기 모임에 끼어들어 영차영차! 구호로 분위기를 띄우는 낭인들이다.

그들은 거울을 마주 보며 자신은 고고한 경지에 오른 예술인이라며 자랑한다. 그 이면을 들여다보면 진중 없는 가벼움 증과 어울리게 생각하는 힘, 정신적 힘의 기반이 아이처럼 약함을 알 수 있다.

자신을 보는 안목을 타인에게서 찾는 사람들의 약점이다. 누군가가 그 지적에 한마디 덧붙인다.

"쌓지 않았으면 그 공동의 성은 없고, 예술은 옥에서 나온다."

174/문화 창조자

문화의 기초는 심원함에서 세워진다는 연구를 오랜 세월 동안 해온 명철 자는, 그 견고는 여러 번 넘어지며 무너졌던 수고의 결과물이라는 것으로 최종 정리를 마쳤다. 그런데도 그 문화가 방향을 모르고 물에 빠져 파도에 휩쓸리는 안타까운 사연이 여전히 빈발하자, 그것은 심성이 안전하지 못한 사람이 문제라고 지적했다. 신생新生이 결연된 사람의 잘못이라는 주장이다. 한 발 더 나가 유능하기는 하나, 어딘가 세속성향이 있지 않나 싶기도 하였다.

"주체이긴 한데 초대받지 못한 손님 같은 느낌? 또는 생명 없는 몽상. 맙소사! 문화 창조는 이래저래 골치 아프군."

175/고요한 산중뿐인가?

물과 불은 상극이다. 좋은 양심에 나쁜 죄질이 끼면 그 자체는 흐려진다. 이와 같은 이치의 진리를 깨달은 수도사는, 다 배웠다며 산에서 내려와 세속 무리와 섞여 살았다. 세속인들은 특별한 재난을 당한 것도 아닌데도 살 집을 잃었다는 슬픔을 띄우고 우왕좌왕 떠들며 다녔다. 그들은 알량했다. 나라에서 베푸는 구호 물품을 하나라도 더 뺏겠다며 야단법석을 다 떨었다. 그 혼란스러운 비탄의 함성을 듣고 비로소 자신을 돌아보게 된 수도사는, 형편없는 도륙 자들이 나라를 어지럽히는 장본인들이라는 점을 깨달았다. 그리고는 탈취를 일삼는 그 무리에 물들기 전에 어서 피하자며 산으로 다시 돌아갔다.

"진정한 인격이 설 자리는 어디인가? 고요한 산중뿐인가?"

176/잔뿌리

내가 신탁풀이를 제법 한다고는 할 수 없지만, 이 하나만은
자신 있게 말할 수 있소. 불길의 소문은 곧 통곡을 불러일
으킨 악행의 잔뿌리이다.

177/멀리 떼어 놓으시오.

몰이 회초리든 목동 양반! 황소와 수컷 염소는 저 멀리 떼어놓으시오. 서로는 머리 뿔의 무기를 갖고 있어 영역침범 막겠다며 툭 하며 싸움질이니 다른 가축들도 그 화가 튈까 봐 두려움에 떨고 있지 않소.

178/겸손을 따르리.

독초를 먹었나? 대체 무슨 독성이 내성을 길렀기에 원성과 저주 목청이 저토록 살벌한 건가. 귀를 틀어막지 않을 수 없었다. 그렇지 않으면 나도 그 오염에 물들 수 있기 때문이다.

나는 조금 전 행실이 좋지 못한 누군가를 칭찬한 뒤이다. 때맞춰 듣고 만 그의 저주악담이 뇌리에 들어있음을 감안한다면, 나도 그에 뒤지지 않는 비판성 실은 부정不淨을 얼마든지 내뱉을 수 있다. 나의 혀도 바른 의義에 길들여 있지 않음을 고백한다. 그러기에 다툼을 피하려 몸을 낮추는 것이다.

그대가 완력으로 나를 눌러 이긴다면 난 그대의 지배를 받게 되겠지. 그러기 전에 난 아무에게도 혐의를 씌우지 않는 겸손을 따르리.

179/칼이 감춰진다.

해묵은 복수심을 보물단지처럼 가슴 깊이 간직하고 있는 사람을 찾은 악령이, 심장 끓는 그 피의 감정을 더욱 부추겼다. 이를 가는 원한을 품은 악인에게서 악의 모양이 주먹되었다. 사람은 빌려 쓴 큰 빚 대신 전 재산인 작은 땅뙈기를 담보로 잡고 있는 그 철천지원수 놈을 더는 생명체로 나돌아 다닐 수 없게 하겠다며 칼을 들었다.
개가 담장을 뛰어넘은 침범자를 향해 사납게 짖어대었다. 침범자는 준비해간 닭 한 마리를 먹이로 던져줬다. 일가족들이 거실에서 단란한 시간을 보내고 있었다. 가장 한 명만을 찍어 무자비한 벌을 내리기에는 환경이 너무나 아늑하게 행복했다. 가족 간 불화로 뿔뿔이 흩어진 자신의 처지와는 대조적이라 실행이 망설여졌다. 선하신 신의 임재인가? 눈물이 흐려지며 칼이 감춰진다.

180/기괴한 식물

비난이 비난에 맞서다 뒤짐 한계로 끝내 물러날 수밖에 없게 되었다. 그는 회오에 찬 눈물의 씨앗을 갈아엎고 골을 낸 밭에 뿌렸다. 그 식물도 여느 작물들처럼 하늘에 비와 상냥한 햇빛을 받으며 무럭무럭 자라 수확기인 가을을 맞았다.

그가 한 해 동안 돌보며 가꾼 한해살이 식물은, 이 땅 어디에서든 볼 수 없는 희귀 작물이었다. 오동잎처럼 넓은 잎사귀는 강한 철판이고, 가시 무성의 줄기는 워낙 억세 함부로 손을 댈 수 없었다. 삽으로 철사 뿌리 둘레의 흙을 파헤쳐져야만 거둘 수 있었다. 한 현인이 예사로 볼 수 없는 그 기괴한 식물을 향해 말을 남겼다.

"이 주인의 한 맺힌 원한이로구나."

181/쓰라린 감정

미움을 산 저주의 멍에인가? 이성 잃은 큰 타격의 손톱에 몸 옷마저 누더기로 너덜너덜 찢긴 비탄의 이불을 덮고 누운 그는, 더는 자리에서 일어날 수가 없었다. 추방당한 자들도 생명이 붙은 희망만은 간직으로 남겨두고, 미지의 머나먼 길도 마다하지 않고, 행복을 찾아 걷고 또 걷건만, 의욕의 불꽃이 완전히 꺼진 그는, 병인처럼 어두운 나날을 보내고 있다.

무엇보다 씌워진 죄의 누명으로 끓는 분노에, 잘기잘기 찢어 발겨도 시원치 않은 적에게 재앙을 내려달라는 기도가 통 나오지 않는다는 기류이다. 큰 당함을 작게 보며 마음을 슬기로 다스린다는 것은 사람이 할 수 있는 영역이 아니다. 사랑, 사랑, 내 사랑 정말 고통이 수반되는 쓰라린 감정이구나!

182/화살 맞은 나무

악담은 살기에 지배당한 악인의 입에서 나온다. 그 악인이 쏘아붙인 화살이 광속으로 날아 생나무 줄기에 무섭게 박히며 파르르 떤다. 그 깊은 상처에 독침 머금은 피를 흘리는 나무. 가지 잎 시름시름 말리며 의식을 잃어간다.

하늘의 비는 상처를 악화시킬 뿐이고, 태양은 치료의 광선과는 아무런 관련이 없고, 주변 동료들의 위로는 그나마 남은 기운을 더 처지게 한다. 땔감 마련 차 그 나무의 형세를 살펴보는 나무꾼. 팽팽한 기세로 꽂힌 화살을 보고 꼬챙이로 쓰면 좋겠다며 힘써 뽑아 가져갔다. 그때도 나무는 신음의 고통을 내지르지 않았다. 아니, 자신 외에 아무도 그 높은 비명을 듣지 못했다.

183/인간이여

사람의 생각은 항상 건전할 수만은 없다. 반겨주는 목청에는 기분은 유쾌해지나, 문전박대 같은 불친절에는 합당한 역류를 불러일으키게 한다.

자고로 인간이여, 근본이 바르지 못한 돌팔이 종교예언에 놀아나지 말게나. 일시기쁨의 악몽에 취한 정신 놓지 말고, 종인 주제에 주인이 부재이며 그 주인인 척 건방 떠는 하인을 주의하게나. 눈치거리가 심한 그들은, 기름진 음식 대접에는 허파에 바람이든 양 실하게 잘 웃는 그 간사로 남흉 어찌나 잘 보는지 신의 존재를 의심케 한다오.

인간이여, 정직과 거리 먼 그들의 입술에 신뢰를 두는 것은 어리석은 짓임을 명심하게나.

184/몇 가지 교훈

올바른 것이 무엇인지 아는 자는, 보살펴주는 것도 무엇인지를 안다. 설득은 굳은 고집을 움직이게 하는데 그 목표를 두고 있다.

지혜로운 현자에게서 듣는 전율의 채찍은 현명의 지름이다. 그대는 자고 있는가. 무료를 달래려 눕는 것은 수모를 준비하는 나태요, 먼 곳까지 내다볼 수 있다는 대낮 환경만 믿고 주변 살핌을 게을리 하는 자는, 언제든 뱀에 물릴 수 있다.

무소불위의 권력으로 정당성을 넘어서면 국민이 일어나고, 청소부의 말은 진리일지라도 듣는 귀가 적다.

185/불구로 만든 의도

구덩이 크기만큼의 양을 채우고 지나치는 물은 의도 없이 흐른다. 빛 역시도 어디에나 걸림이 없다. 땀 흘려 일한 적이 한 번도 없어 제 몫의 재산이 있을 리 만무한 그는, 남의 것만을 탐내며 좇는 팔자 늘어진 인물이다. 이런 사람은 울안의 공작새처럼 허세가 심하다. 어떤 모양이든 의도적으로 꾸미는 것이라 자연스럽지 못하다. 그가 사람들을 의도를 높여 보게 된 까닭도 순리를 벗어난 이 성향 때문이다. 그가 사방을 둘러보고 또 살피다 앞서가는 어린 소년을 발견했다. 소년이 갖고 노는 물건은 빛을 발하는 진주였다. 정신착란은 욕망의 광기를 불러일으켰다. 그는 달리면서 소년의 진주를 잽싸게 낚아챘다. 동시에 신神의 노여움이 임했다. 그의 손모가지에 불길이 일었다. 화상을 입은 그는 영구 장애인이 되었다.

186/웃음잔치

세계 방방곡곡을 누비는 돈 많은 여행가와 중도결혼을 하고, 그 아내 자격으로 팔짱 두른 남편의 집으로 발길을 성큼 들인 여자는, 생기발랄한 열아홉 아가씨였다. 배가 잔뜩 부푼 임신부였다. 사별한 아내 이후 품은 젊은 아내와의 나이 차가 40세 안팎인 남편은, 미리 연락을 받고 기다린 아들 내외의 환영을 받았다.

안락한 집을 등진 노고의 여행은 나이를 잊게 한다. 날마다 환경 다른 새로운 동창의 아침 햇살, 낯선 이들과 끊임없는 만남이 젊음을 유지하게 한다. 그 팔팔한 젊음의 기분이 꽃처럼 청순한 젊은 여자에게 눈이 팔려 부부의 연을 맺게 되었다. 놀라운 것은 그 삼 년 반 사이에 아들도 결혼하여 두 아들의 아버지가 됐다는 반가움이었다. 신부의 처지에서는 아이 엄마가 되기 전부터 할머니 소리를 듣게 된 셈이다. 또한, 인생 나이로는 의붓아들은 오빠, 며느리는 언니가 된다. 그 새엄마가 안겨준 선물은 냉랭하게 음울한 집안 분위기를 스스럼없는 귀염둥이 잔치를 배설한 것이었다.

187/질경이 삶

보잘것없이 약해 보여 존재감이 쉽사리 사라질 것 같은 질경이는, 보기와 달리 끈질긴 생명을 지녔다. 양지바른 길가나 들에서 흔히 볼 수 있는 질경이는, 환경이 좋지 못한 척박한 땅의 질을 골라 뿌리를 내린다. 비옥한 땅속에 생존의 기원을 묻은 그 뿌리는 어찌나 억세게 깊은지, 잡초로 뽑으려면 사력을 써야 한다. 질경이의 그 굳센 저력은 발질에 치이고 밟히는 처절한 시련에서 다져진다. 그런데도 좀처럼 풀이 죽지 않고 매번 오뚝이처럼 일어나고 또 일어난다. 도리어 그때마다 사람의 신발이나 짐승의 털 발에 씨앗을 묻혀 그들에게 종자를 널리 퍼트리게 하는 기회를 살려낸다. 이보다 좋은 번식방법 있을까? 참으로 자신의 한계를 뛰어넘는 지혜 높은 식물이 아닐 수 없다.

질경이는 꿀풀목 질경잇과에 속하는 여러해살이풀이다. 키가 큰 식물들과는 누가 크냐. 감히 경쟁을 겨룰 수 없이, 항상 땅바닥에 납작 엎드려 있는 질경이는 태생적으로 줄기 대가 극히 짧아 적은 양의 빗물에도 쉬 잠긴다. 차전자車前子로도 불리는 질경이에는 열을 내리게 하는 해독작용이 있다 하고, 고혈압 부종 및 기침, 변비 등에도 좋다 한다.

질경이는 우리에게 견디는 인고를 가르친다. 인고는 자기 발전을 꾀하는 발판의 인내이다. 온상에서 자란 사람일수록 삶의 애착이 가볍다. 왜 그럴까? 시시각각으로 변하는 한대 기후를 피부로 맞아보지 못했기 때문이다. 이런 사람은 어려움이 닥치면 절박한 극복보다 주저앉는 것부터 앞세운다.

아무리 세상을 바로 보며 살고 싶어도 화나는 일은 종종 겪는 법. 그때마다 세상을 거꾸로 본다면 세상 이치는 뒤집히는 법. 어차피 그대 삶은 누구도 대신할 수 그대의 삶.

188/무상이 맞다.

죄지은 자는 신의 벌을 피할 수 없다. 아니, 나만은 죄인이
아니다 부인할지라도, 덕행 부족으로 이웃의 누군가를 울렸
다면, 그 자체로 잘못은 성립은 된다.

어느덧 독수리 용맹 다 잃고 지팡이 걸음으로 용무 다니는
황혼 나이에 접어들었다. 마당을 비추는 보름달을 일흔 해
째 보고 있다. 자정시간을 눈앞에 둔 노인은, 남은 삶을 자
신이 그동안 남긴 발자취를 되돌아보는 회상으로 산다.

인생살이는 늘 편안하지 않았다. 사회 환경에 맞추어 머리
쓰는 신사의 기술보다 줄곧 땅을 파는 일로 생계를 유지했
다. 그러면서 친구들의 죽음, 크고 작은 재난에 재산을 잃고
풀죽으로 연명했던 친인척들의 오두막 생활, 오늘날 고려장
인 양로원-요양원으로 보내지는 노인들의 쓸쓸한 여생만을
숱하게 봐왔다. 무상이 맞다. 그렇다고 숨이 붙어있는 한 주
어진 삶을 놓아서는 안 될 일이다.

189/백발노인

백발노인들은 두뇌가 퇴화되어 새로운 도전에는 벅차다는
두려움부터 앞세운다. 속을 미리 들여다 볼 수 없는 미지
세계에 대한 공포심이 강하다. 그 노인들은 혼자 힘으로는
아무것도 못 한다. 노인에게 길을 여는 그 하나를 깨닫게
하는 과정의 설명은 지나하다. 어떤 경우에는 내 시간 전체
를 내줘도 이해를 못했다는 공기 어두운 답답함과 마주대하
기도 한다. 그러나 역사, 지리, 산수, 문법 등을 다진 바탕에
서 미래의 젊은이들을 가르치며 이끄는 유압식 노인들 수
얼마든지 많다.

190/노인의 분기

마을주민들과 사이가 안 좋아 길에서 만나도 아는 체를 않는 노인은 기분이 영 찜찜했다.

"왜 사람들은 저 모양일까? 이웃 간의 정은 고사하고 우거지상으로 헐뜯기만 하니, 이 마을을 떠나라는 암시이지 않는가."

노인은 주민들의 모임 장소인 마을회관에 발을 들였다. 여자노인들은 둘러앉아 찐 알밤을 까먹으며 수다를 떨고 있었고, 남자노인들은 화투놀이에 정신이 팔려 있었다. 예상대로 모든 눈빛에는 적대에 버금가는 냉정성이 실렸다.

화투놀이를 멈춘 한 노인이 말문을 열었다.

"소는 주인의 방향 지시를 알아듣고, 쟁기를 일정하게 끌어가므로 여물 내주는 것이 조금도 아깝지 않소. 한데 자기 색깔의 감정을 지닌 사람은, 보호를 입고 있는 데도 그 인지를 못해 따돌림을 자초하고 있소."

그 무리에 이방인이나 다름없게 된 노인은, 무시당했다는 화를 버럭 지르며 나온 회관 문을 꽝 닫았다.

191/노인성

노인들은 젊은이들로부터 도덕이나 읊는다는 소릴 안 들으려 자기 계발에 용을 바친다. 기회를 만나 쩍 붙인 학습에 열과 성을 다 쏟아 붓는다.

"나잇값을 못한다는 노인네!"라는 비난이 유행처럼 돌고 있다. 이 비난의 배후에는 시간을 가치 있게 쓰지 않고-자기의 무지를 깨우치려 하지 않고-시간 보낼 남의 놀이 구경거리나 좇는다는 책망이 들어있다. 자신이 누구인지 생각 않는 것은, 정체성을 잃은 것과 진배없다. 그러면서 퀴퀴한 노인성 고집은 왜 그리 센지...

192/황혼의 노인

죄지은 자는 신의 벌을 피할 수 없다. 아니, 나만은 죄인이 아니다 부인할지라도 덕행 부족으로 이웃의 누군가를 울렸다면 그 자체로 간접 죄의 성립은 된다. 인생 황혼에 다다른 노인은, 남은 삶을 자신이 그동안 남긴 발자취를 되돌아보는 회상으로 산다. 인생살이는 늘 편안할 수 없다. 잠이 오지 않아 마당을 비추는 보름달을 일흔 세 해째 올려다보는 노인은 물욕에 눈이 멀어 사람들의 머릿수를 물질로만 계산했던 지난날들의 세월을 눈물로써 후회한다. 그 벌의 대가가 잎사귀 시든 오늘의 늙음이다. 누구든 맞게 되는 노고의 허약이다.

늙으면 여러 방면으로 뒤처질 수밖에 없다. 후세대의 독수리 용맹을 지팡이 걸음으로는 따라잡을 수 없다. 그래서 사람들의 입에 오르내리지 않는 노인은 언제든 신의 부름을 기다린다.

193/나에게 보내는 아침인사

입추가 어제로 지났다. 풀숲 곤충 소리 싱그러운 노래로 들으며 새 아침을 연다. 배추 거둬진 빈 밭 홀로 지키는-잘 여문 무게로 고개 숙인 수수 열매 송이 둘레 도는 잠자리 날개바람에 살랑살랑 흔들린다.

나는 나 자신에게 인사를 보낸다.

"잘 잤구나. 아픈데 없이 건강하니 아무런 걱정 없이 주어진 일을 할 수 있게 되었으니-주어진 또 하루 얼마나 감사하냐!"

넘치는 행복, 신선한 영광의 아침 햇살이 가슴을 채워준다. 성찰을 돕는 축복의 빛이여!

194/노을은 붉다.

구릉지 꼭대기에 머물러 있는 햇덩이 노을은 붉다. 여전히 힘찬 기세를 지닌 빛이다. 그 앞으로 그 빛깔에 곱게 물든 구월 말의 흰 구름 몇 조각 떠 흐른다. 시인의 깊이 파고드는 버릇대로 그 속에 무언가의 믿음직한 요소를 머금고 있기 한데, 감추어진 그 신비스러운 포착이 쉽지 않다.

자디잔 주름-? 소위 나이 먹는 사람이나 기타 생물들에서나 찾아볼 수 있는 그 세월의 흔적인 자디잔 주름의 하루를 반복적으로 앗아 가는 햇덩이에도 과연 해당하는 물질 거리일까? 스스로 존재하지 않았을 터이고, 지각이 뛰어난 전능자의 솜씨에 의해 창조된 태양도 물질이다. 그러므로 인생의 나이를 먹는다.

그러나 수천, 수억 년 동안 숱한 생물들을 흙으로 돌려보내면서 그 바탕에서 한 알의 씨앗으로 태어나 그 대지에서 자라는 소산물을 섭취하며 인류발전의 뒤를 이어 가는 후 세대들의 생성을 오늘도 변치 않고 돕고 있는 그 표면은 여전히 새롭다. 둥근 원 모양의 체형이 항상 일정하여 도대체 나이 가늠을 못 하겠다. 마침내 태양은 와장(아래 눈꺼풀, 애교살)을 감고 서녘 너머로 사라져갔다.

후기

　'세상은 온통 글밭이다.'
글을 쓰는 것은 마음을 닦는 것과 일치한다. 신선은, 특별한 사람에게만 주어진 것이 아니다. 그 경사를 오르기로 결심을 굳힌 시작부터 초월의 도전이다. 우리는 유치부 시절부터 신호등이 빨간 불이면 기다리고, 파란 불이면 차도를 건너야 한다는 기초질서를 배웠다. 한데 사회는 이 작은 질서를 숨 가쁜 달림으로 무너트렸다.
누구든 흠 없이 완벽할 수 없다. 누구나 결핍을 끌어안고 있다. 그 결핍은 양날이다. 세상을 이기는 방법은 각자마다 다르나, 삶의 지향점은 똑같다는 합리이다.
유심有心으로 집필을 마쳤다는 이 책의 장르는, 산문형태의 짧은 시문이다. 굳이 산문형태의 시문이라 소개올린 까닭은, 글자의 수, 배열순서, 발음의 리듬 등이 전통적으로 정해져 있는 '정형시'와는 성격이 전혀 다르기 때문이다.
이 글의 성격은 재담을 담은「주의 시」이다. 지성과 감정을 동원하여 목적의 의도를 지닌 이솝이야기가 실려 있기 때문이다. 이솝은 사회상을 빗댄 우화이다. 이솝 우화집의 표준은, 테오프라스투스의 제자 팔레룸의 테메트리우스가 거의 백여 편에 달하는 모음집을 만들었다는 데 기원을 두고 있다.
희곡작가인 아리스토파네스가 자주 언급했을 정도로 사모스 섬에 살았던 이솝이라는 사람은, 실존인물로 추측된다. 기원전 6세기 초반~기원전 564년경에 사망했을 걸로 추정되는 전쟁포로의 노예로 소개되고 있다.

끝으로 이 책은 이년 전에 출간된 이력이 있는 『**신을 파는 사람**』의 개정판임을 밝혀둔다. 잘못된 부분이 너무 많아 편집과 수정을 거쳐 다시 출간하게 되었다.

금천구 서재에서

2025년 9월

발행일/2025년 09월 29일

지은이/김성호

발행인/김성호

펴낸 곳/성미출판사

주소/서울시금천구 시흥대로6길35-25(시흥동)리치힐 2층203호

창립일/2016/01/05

등록번호/720/93/00159

전자우편/sungmobook@naver.com

유선/02-802-2113/H0/010-7314-2113

FAX02-802-2113

ISBN/979-11-93864-20-3

판매가격=17,000원